KB169588

여기부터 성희롱

여기부터 성희롱

2020년 8월 8일 초판 1쇄 발행
2020년 11월 24일 초판 2쇄 발행

지은이	무타 가즈에
옮긴이	조고은
편집	최인희 조정민
디자인	이경란
인쇄	도담프린팅
종이	타라유통
펴낸곳	나름북스
등록	2010.3.16. 제2010-000009호
주소	서울시 마포구 월드컵로15길 67, 2층
전화	(02)6083-8395
팩스	(02)323-8395
이메일	narumbooks@gmail.com
홈페이지	www.narumbooks.com
페이스북	www.facebook.com/Narumbooks7

ISBN 979-11-86036-56-3 03330
값 15,000원

이 도서의 국립중앙도서관 출판예정도서목록(CIP)은 서지정보유통지원시스템 홈
페이지 (http://seoji.nl.go.kr)와 국가자료공동목록시스템(http://www.nl.go.kr/
kolisnet)에서 이용하실 수 있습니다. (CIP제어번호:2020030017)

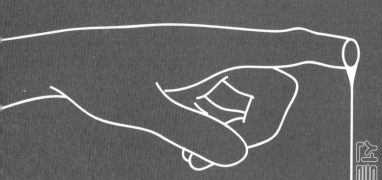

책을 무르는 남자 다는 참지 않는 여자

여기부터 성희롱

무타 가즈에 지음 | 조고은 옮김

나름북스

일러두기

* 본문의 주는 모두 옮긴이 주입니다.

전작 『부장님, 그건 성희롱입니다』에 이어 이번 책도 한국에서 번역 출판되어 매우 기쁩니다. 출판사 및 번역가를 비롯한 관계자 여러분께 감사드립니다.

최근 한국 여성들의 운동을 보며 큰 용기를 얻고 있습니다. 2017년 가을 할리우드의 거물 프로듀서에 대한 고발을 계기로 미투 운동이 전 세계로 확산한 움직임과 더불어, 한국에서는 권력 및 권위의 정점이라 할 수 있는 검찰 조직 내에서 고발의 목소리가 나왔고 이어서 수많은 고발과 항의가 일어나며 강력한 운동이 전개되어 왔습니다. 저는 한국에서 수만 명의 여성이 분노를 담은 피켓을 들고 시위하는 모습이 담긴 영상을 보고 깊이 감동했습니다. 저도 일본에서 유력한 텔레비전 및 신문사로부터 미투 운동에 대한 취재를 자주 받고 있는데, 대부분이 "왜 일본에서는 미투 운동이

본격화되지 않는가"에 대한 질문이었기 때문에 더욱 그렇습니다. 예전부터 한국 여성들의 사회운동에 대해서는 경의를 품고 있었지만, 미투 운동을 통해서도 많이 배웠습니다.

그런 만큼 성폭력 중에서도 성희롱을 다룬 이 책이 한국에서 번역된다는 소식이 반가운 한편, 한국 여성들은 이미 다 알고 있는 내용이 아닐까 하는 걱정도 듭니다. 일본은 아직 이 정도 수준인가, 한국에서 더 이상 이런 책은 필요 없는데, 라고 받아들이시지는 않을까 싶기도 하고요.

하지만 안타깝게도 제 이런 걱정은 사실이 아니겠지요. 아무리 많은 페미니스트들과 여성들이 힘을 모아 운동을 해도 사회 전체의 '상식'은 쉽게 변하지 않습니다. 특히 '아재'류의 남성은 케케묵은 남성 우위의 가치관을 전혀 의심하지 않은 채, 아무 생각 없이 여성들에게 성희롱을 계속합

여기부터 성희롱

니다. 물론 여성들이 무엇에 대해 문제를 제기하는지도 좀처럼 파악하지 못하지요. 일본에는 그런 아재가 산더미처럼 있다 보니 제가 이 책을 쓰게 되었지만, 아마 한국도 큰 차이는 없을 거라고 생각합니다. 그런 분위기 속에서 이따금 여성들이 '어쩔 수 없지', '내가 너무 예민한 걸지도 몰라' 하며 단념해버리는 일이 생기기도 합니다.

이 책에서는 '넘지 말아야 할 선을 모르는' 아재들의 생태를 집요하리만치 상세히 묘사해 여성들의 심정을 설명하고 있습니다. 그리하여 여성들이 더 이상 참지 않아도 될 뿐 아니라, 남성들도 자신의 사고방식을 업데이트해 '아재'류의 남성을 없애나가는 데 도움이 되기를 바랍니다.

일본에서도 저널리스트 이토 시오리伊藤詩織가 아베 총리의 측근에게 성폭력을 당한 사실을 실명으로 고발했습니다. 또 2019년 3월 여러 건의 성폭력 사건에 대해 피해자의 의사에 반한 관계였다는 점을 인정하면서도 무죄를 결정한 부당한 판결이 이어지자, 각지의 여성들이 분노하여 성폭력에 반대하는 '플라워 시위'를 매월 개최했습니다. 이런 여성들의 목소리를 바탕으로 2020년 6월에는 정부가 성범죄·성폭력 대책 강화 방침을 결정하기도 했습니다. 우리가 바라는 속도에는 한참 뒤처지지만, 사회는 여성들의 권리와 존엄을 지키는 방향으로 꾸준히 한걸음씩 전진하고 있다고 생각합니다. 한국과 일본의 여성들이 손을 잡고 이 흐름을 굳건히 이어나가도록 합시다.

2020년 6월
무타 가즈에

들어가며

전작 『부장님, 그건 성희롱입니다部長、その恋愛はセクハラです!』
는 일반적 개념보다 '현실적인 성희롱'에 관한 더 깊은 이해
를 목표로 만든 책이었다. 지금까지도 많은 독자가 읽어주
신다 하니 기쁘고 감사할 따름이다.

이제는 '성희롱' 문제가 법원의 판례를 비롯한 여러 형태
로 신문, 잡지 등 언론 매체에 자주 등장하게 되었다. 공공
기관에서 주최하는 세미나와 강연회도 늘고 기업 차원의
교육도 정착되고 있어, 점차 '성희롱'이라는 단어의 의미를
보편적으로 인식할 수 있게 된 듯하다.

SNS에서 '여성혐오'나 '성차별'이라는 단어가 아주 흔히
쓰이고, 상사의 무신경한 행동에 "그건 아웃. 성희롱은 꼴
사나워"라고 하는 남성들의 트윗도 자주 접하게 되는 등 젊
은 세대를 중심으로 성희롱에 대한 문제의식이 성별을 초

월해 공유되고 있는 것 같다(희망적으로 보고 싶은 마음도 상당히 반영되었지만).

일본 최초의 성희롱 사건 재판인 '후쿠오카 성희롱 사건(1989년 제소)'을 계기로 '성희롱'*이라는 단어가 세상에 알려졌고 그해 '신조어·유행어 대상'에서 신조어 부문 금상으로 선정되기까지 했다. 예능적 요소가 담긴 주제이기도 해서 개그 소재나 '기절초풍 성희롱 과장'과 같이 성인비디오의 제목으로 쓰이기도 했다. 어떤 면에서는 흥미 위주의 반응이기도 했지만, 그렇기에 이렇게나 빨리 세상에 퍼질 수 있었을 것이다.

그로부터 8년 후인 1997년에 '남녀고용기회균등법(이하 균등법)' 조항이 사업주의 성희롱 방지 배려의무가 포함된 '성희롱방지조치의무'로 개정되었다. 이렇게 성희롱 문제에 대한 상식이 시대와 더불어 크게 변화하면서 지금의 '성희롱'은 그저 성적 함의를 담은 괴롭힘이 아니라 노동권 및

＊   일본에서 성희롱을 뜻하는 '세쿠하라(セクハラ)'는 주로 직장이나 학교에서 발생하는 지위를 이용한 성적 괴롭힘(sexual harassment)을 일컫는다.

인권 차원의 중요한 문제로, '절대 있어서는 안 될 일'로 인식되고 있다. '후쿠오카 성희롱 사건'** 이래 일본 사회에서도 성희롱에 대한 이해가 차츰 높아져 경각심이 착실히 정착하는 듯하다.

그러던 중 2018년 4월에 당시 재무성 사무차관이었던 후쿠다 준이치福田淳一가 여성 기자에게 믿기 어려운 성희롱 발언을 해왔다는 사실이 밝혀졌다. 공개된 녹음 파일에 담긴 후쿠다의 발언은 아연실색할 내용이었다.

"오늘, 오늘 말야… 안아도 될까?"

"손 묶어도 돼?"

"가슴 만져도 돼?"

사람마다 사태를 보는 관점이 다르다 해도 많은 사람이 충분히 충격을 받을 만한 일이다.

"나랑 바람피우자", "섹스하자", "더 야한 옷 좀 입어봐", "섹스는 얼마나 하고 있어?", "넌 갖고 놀다 버려질 거야", "네가 직접 만든 음식이 먹고 싶어", "호텔 가자" 등 후쿠다

** 이 책의 3장 3절 참조.

전 차관에게 역겨운 말을 듣고 있었다는 증언이 다른 여성 기자로부터도 연이어 등장했다. 사건 후 기자회견에서 후쿠다는 "술집 여성과 주고받던 말장난을 했던 적은 있다", "맥락 전체를 보면 성희롱은 아니다"라는 태도로 일관했고, 결국 사임했지만 '성희롱'은 끝내 인정하지 않았다.

게다가 성희롱 발언은 후쿠다 전 차관에서 그치지 않았다. 시모무라 하쿠분下村博文 전 문부과학성 장관이 "꽃뱀에게 걸린 거죠, 어떻게 보면 그거야말로 범죄라고 생각해요"라며 피해자를 가해자 취급하는 몰상식한 발언을 한 것은 물론(후에 발언을 철회하고 사과했다), 아소 다로麻生太郎 부총리 겸 재무성 장관은 "만진 것도 아니잖아", "꽃뱀한테 걸려서 고소당한 거 아니냐는 의견도 얼마든지 있다고", "후쿠다의 인권은 없는 거야?"라며 시종일관 부하를 철저히 옹호했다. 그 후에 진정할 틈도 없이 "차관 담당(기자)을 전부 남자로 바꾸면 해결될 일" 등 아무리 퍼내도 마르지 않는 샘처럼 성희롱 발언이 쏟아져 지켜보는 사람은 기가 막힐 뿐이었다.

일본의 지도층에서 터져 나온 판에 박힌 듯한 성희롱 발언 종합선물세트(게다가 자살골)를 접하며 30년 전으로 돌아간 것 같은 충격을 받았다. "도대체 이건 언제 적 이야기야? 지금이 70년대야?"라고. 무엇보다 정권의 중추에 있는 사람들이 어떻게 성희롱 문제에 대한 무지를 이렇게나 거침없이 드러낼 수 있단 말인가. 좀처럼 입이 다물어지지 않지만, 그럴수록 다시 한번 깊이 고민해볼 때다.

『여기부터 성희롱』은 성희롱의 근본적인 문제를 제대로 알지 못하고 직장에서 성희롱을 저지르거나 전전긍긍하고 때로는 도리어 화를 내기까지 하는 남성들과, 어디까지가 성희롱인지 몰라 쉽게 입을 열지 못하는 여성들을 위해 쓴 책이다.

전작을 읽고 자신의 경험이 "성희롱이었다는 걸 알 수 있어서 좋았습니다"라는 리뷰를 올린 여러 여성의 목소리 하나하나가 마음에 남았다. 성희롱일 수 있다고 생각하면서도 이를 지적하면 "너무 예민한 것 아니냐", "너 같은 여자 관심 없다"라는 말이 돌아와 더욱 큰 상처를 받게 된다. 그런 말을 들으니 아무 일 없었다는 듯 넘기자며 불쾌한 사건과 자신의 상처를 함께 묻어두었던 여성들이 책을 읽고 '역시 성희롱이 맞았구나, 성희롱이라고 생각해도 되는 거였구나'라고 목소리를 낼 계기가 되었다면 그저 기쁠 따름이다. 리뷰 한 줄에도 무수한 목소리가 담겨있음을 실감한다.

또 자신은 어느 정도 상식을 갖췄고 얼마든지 조심하고 있으니 성희롱과는 거리가 멀다고 자신하는 남성들에게도 이 책을 권한다. "우리 회사는 기업 윤리를 엄수하고 연수 프로그램도 진행했다. 성희롱에 관한 가이드라인도 어느 정도 알고, 성희롱 관련 안내서도 몇 권 읽었으니 이 정도면 흠잡을 데 없는 것 아니냐"라고 자부하거나, 세간에 떠들썩한 성희롱 스캔들을 '온갖 별종들이 모인 정치권에서나 일어나는 사건사고'거나 '얼마 남아있지 않은 구세대들이 저지르는 이상한 일'쯤으로 여겨 본인들과는 전혀 상관이 없고, 그러니 괜찮다고 생각할지 모른다.

하지만 정말 그럴까? 성희롱의 근원은 '착각'과 '여성에 대한 무의식적 멸시'다. 이는 상황에 따라 모습을 달리하며 어디서든 나타날 수 있다.

또한 성희롱을 남성이 여성에게 저지르는 일로 한정할

수만은 없다. 여성이 남성에게 저지르는 경우도 있을 뿐 아니라, 동성 간에 일어나는 괴롭힘(성적 요소가 있기도 하고 없기도 하다)도 있다. 그러나 남성이 여성을 성희롱할 때 특히 강압적인 양상을 보이기 때문에 이 책은 남성이 여성에게 저지르는 성희롱의 전형적 패턴에 초점을 맞췄다.

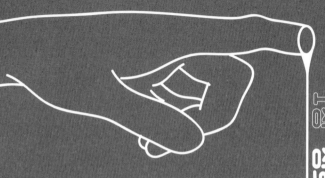

1장

성하들의 구렁덩이

1. 만지지도 않았는데 왜 성희롱이래?

'성희롱'이라는 말은 알지만, 그저 자기 편할 대로 해석하고 있다가 자신도 모르게 가해자가 되는 남성이 의외로 많다.

먼저 성희롱의 유형을 알아보자. 후생노동성이 전국의 노동국 고용균등실에서 발행한 팸플릿에는 성희롱 사례가 다음과 같이 수록됐다.

① 성적인 내용의 발언
성적인 사실관계를 묻는 일, 성적인 내용의 정보(소문)를 유포하는 일, 성적인 농담이나 장난, 집요한 식사 및 데이트 신청, 개인의 성적 체험을 말하는 일 등.

② 성적인 행동

성적인 관계의 강요, 불필요한 신체 접촉, 외설적인 사진의 배포·게시, 외설적 행위의 강제, 강간 등.

이런 일은 어지간히 구시대적인 사람이 아닌 한, 어떻게 봐도 '여지없이 악랄한' '몹쓸 짓'이라고 판단할 수 있다. 외설스러운 행위의 강제나 강간은 성희롱인지 아닌지 따질것도 없이 백 퍼센트 범죄 아니냐며 딴지를 걸고 싶기도 하지만. 이미 팸플릿에서부터 성희롱은 명백히 나쁜 의도로 저지르는 악행의 이미지로 제시된다. 물론 그런 악행이 실제로 있으나 그것은 성희롱 실태 중 정말 일부분에 지나지 않는다.

하지만 이런 이미지가 널리 퍼져 있기 때문에, 성희롱이 도대체 뭐냐고 물으면 대부분 '싫다고 하는 여성에게 억지로 하는 성적인 언행', '몸을 만지거나 성적 관계를 강요하는 일'이라고 답하는 것 아닐까.

이 고정관념 때문에 성희롱을 저지르는 남성은 '악랄하고 무도한 악인'이며, 심각한 호색한에 변태, 거기에 '거부하는 상대에게 성적 관계를 강요', 즉 강제로 성교를 하는 강간범 등의 악한으로 여겨진다. 성희롱을 이런 식으로 엉성하고 단순하게 파악하고 있으니, 성희롱 민원이나 신고를 접하면 머릿속에 그리고 있던 성희롱 범죄자의 이미지를 떠올리고는 자신 혹은 지인이 그토록 파렴치하고 부도덕한 인간일 리 없다면서 진심으로 경악하고 이성을 잃는다. 어떤 심정인지 이해가 안 되는 바는 아니지만, 이는 근본적으로 성희롱 문제를 너무나 단순하게 생각하는 것이다.

성희롱 문제의 징계나 재판에서는 가해자의 행위가 '데이트 강요'나 '집요한 괴롭힘', '외설 행위' 등이었음을 판단하게 된다. 그러나 이는 어디까지나 결과론일 뿐 남성 측에서는 '적극적으로 대시'하긴 했지만, 설마 상대가 싫어할 줄은 몰랐다고 하는 경우가 무수히 많다.

성희롱은 ①이나 ②처럼 누가 봐도 확실한 강요나 노골적인 외설 행위의 형태로만 가해지는 것이 아니라, 대부분 더 미묘한 관계 속에서 애매모호하게 일어난다.

상당수의 성희롱은 복잡한 과정을 거쳐 진행된다. 교과서에서 튀어나온 듯 전형적인 '성희롱남'은 쉽게 보기 어렵고, 맥락 없이 직접적으로 일어나는 성희롱 사건은 매우 드물다. 성희롱 여부는 정답이 둘 중 하나인 OX 퀴즈처럼 단순한 문제가 아니기에 성희롱 예방 교육에 나올 법한 행위만 성희롱이라고 생각하면 위험하다. 성희롱 사례집을 맹신하여 이것만 조심하면 안전하겠지, 라고 생각하는 것은 더더욱 위험하다.

"덮치지도 않았고 만지지도 않았는데 성희롱이라고 난리 치다니!", "만진 적도 없는데 어떻게 성희롱이지?"하는 분노나 의문은 시대에 한참이나 뒤떨어진 (일부 남성의!) 태도로, 이렇게 구시대적 유형의 남성들이야말로 결국 성희롱의 구렁텅이에 빠지기 쉽다.

후쿠다 전 재무성 사무차관의 뻔뻔한 태도나 아소 부총리의 망언, 시모무라 장관의 실언도 어떤 면에서는 명백한 성희롱밖에 인지하지 못하는 이해 부족 때문이다. 후쿠다는 그저 '말장난'이었다고 말해 세상을 경악케 했지만, 변명하거나 회피한 것이 아니라 정말 그렇게 생각하고 있었을 가능성이 크다.

'싫어하는 여성에게 성관계를 강요하는 일'은 분명 성희롱이지만, 상대 여성의 싫어하는 감정을 눈치채지 못하는 남성 역시 심각한 성희롱 위험군이다. 게다가 성희롱은 '엉덩이나 가슴을 만지는 일'이라고 생각하고 있다면, 그것도 상당히 위험한 상태다.

2. 매력이 있으니까 당하는 거지

"성희롱당하고 그럴 때가 좋을 때지", "못생기면 치한도 도망가", "성희롱은 예쁘다는 증거야" 같은 말을 들어본 적 있을 것이다. 성희롱 얘기만 나오면 등장하는 케케묵은 이야기를 남자들은 앵무새처럼 반복한다. 일터에서 일어난 성희롱에 불편함을 느껴 "뭔가 잘못됐어"라고 말할 수 있게 된 사람이 늘었다는 점에서 사회가 상당히 진보했음을 실감하지만, 그런데도 아직 직장에는 이런 말을 진심으로 믿으며 칭찬인 듯 지껄이는 남성이 한두 명쯤 있게 마련이다. 입 밖에 내지는 않지만 속으로 그렇게 생각하는 남성은 더 많을지도 모른다.

여기에는 남성이 보내는 성적인 눈길은 칭찬이며 남성에

게 성적 대상 취급을 받은 여성은 자랑스럽게 생각해야 한다는 심각한 착각과 교만이 담겨 있다. 여성은 남성에게 성적 존재로 보이고 싶어 한다, 성적인 평가를 받으면 기뻐할 것이다 등의 얼토당토않은 통념과 일방적인 오해를 고치지 않으면 앞으로도 성희롱은 사라지지 않을 것이다.

분명 여성이 남성의 성적 평가를 기분 좋게 받아들이는 경우도 있지만, 그것은 상대와 상황에 따라 다르다. 여성이 언제 어디서든 자신을 성적으로 봐주길 바란다는 생각은 편견이라기보다 무지에 가깝다. 특히 중노년층 중에 '여자란 모름지기 이래야…'라는 고정관념에 사로잡힌 남성이 많은데, 이들은 여성에 대한 보수적 인식을 고수하느라 요즘 여성들의 의식은 전혀 알지 못한다.

"상사가 '내일은 중요한 거래처와 회의가 있으니까 미니스커트 입고 와'라고 슬쩍슬쩍 말합니다. 한 번은 '저는 접대부가 아닌데요'라고 경직된 미소를 띠며 받아쳤지만, '네 역할은 접대부 비슷한 거야'라고 대놓고 말씀하시더라고요. 접대부에게도 저에게도 무례한 말이 아닐 수 없습니

다."(건설업, 30대)

여기서 상사는 상대를 '사람'이 아니라 '여자라는 상품'으로 취급하고 있다. 좋아하지도 않는 남성(대개 아저씨)에게 '엉덩이 빵빵하네'라는 성적인 발언을 듣고 기분이 좋을 리가 없다.

사실은 치한도 종종 비슷한 생각을 한다. 여성은 접촉이 싫더라도 소동을 일으키지 않으려고 '다음 역까지만 참자'라며 억지로 견딜 뿐인데, 치한은 '아, 싫어하지 않는구나. 오히려 상당히 즐기고 있는 것 같은데'라며 무서울 정도로 이기적인 착각을 한다는 것이다.

때로는 여성이 싫어하는 줄 알면서 일부러 더 성희롱을 하는 질 나쁜 확신범이 등장해 모두의 분노를 사기도 하지만, 대부분의 가해자는 '악의 없이', 혹은 알면서도 '이 정도는 봐주겠지'라는 응석 어린 태도로 성희롱을 저지르고 있다.

여성을 나이나 외모로 평가하는 일은 매너의 문제라기보다 인권 문제다. 공적인 장소, 특히 직장에서는 허용될 수 없는 일이다. 이런 일도 최근에는 성희롱으로서 사회적으로 엄격히 비판받는 만큼, 경계심을 더욱 강화해야 한다.

3. '부득이한 동의'는 곧 강요

가령 이런 사례가 있다.

인테리어 회사 기획부에 계약직 사원으로 근무하는 T씨 (20대). 경쟁 프레젠테이션 때문에 월 2회 이상 오사카 출장을 가는데 S주임이 동행하게 되었다. 언젠가 출장에서 돌아오는 길에 S주임이 "오늘은 예정보다 일찍 끝나 시간도 있으니, 회의도 할 겸 식사나 하고 가자"고 청했다. 신칸센 막차 시간은 9시. 다음 날은 휴일이니 집에 조금 늦게 돌아가도 괜찮겠지, 하고 생각한 T씨는 식사에 응했다. 그러나 S주임은 8시가 넘어도 전혀 일어날 기색이 없었다. 몇 번이고 그만 일어나자고 재촉했지만, "날 샐 때까지 마시자. 집에 안 가도 되잖아?"라고 버텨 식당을 나설 수가 없었다. 그 후, 술집에서 가볍게 한 잔 더 마시고 호텔로 향했다. T

씨는 서둘러 자기 객실로 들어갔지만, "방에서 좀 더 마시자"라는 S주임의 말을 거절하지 못하고 그를 방에 들였다. 결국 T씨는 "너도 내 마음 알지?"라는 S주임을 받아들여 관계를 맺었다. 그 후에도 두 사람의 '어른의 관계'는 계속되었다.

그러다 T씨가 후에 S주임을 성희롱으로 고소했다면, 당신은 어떻게 생각하겠는가? "흔히 있는 '어떻게 사귀게 되었나' 이야기 아닌가? 저게 어떻게 성희롱이야?", "남자 쪽이 좀 강하게 대시했더니 여자가 결국 넘어왔다는 거네", "S주임이 강요했다고 말할 수는 없잖아? 거절할 기회도 있었고, 집에 가지 않은 건 여자의 의사였던 것 같은데…", "여자도 그럴 뜻이 있었으니까 남자 말에 응한 거지"라며 성희롱이라고 보기 어렵다고 느낄지도 모른다. 하지만 이런 상황을 상사의 관점에서 해석해선 안 된다.

이런 유형의 성희롱에서 남성은 여성에게 '억지로 강요'할 필요가 없다. 실은 함께 식사하고 싶지 않거나 같이 밤을 보내고 싶지 않더라도, 상사가 저렇게 말하는데 자리에서 일어나면 심기를 거스르겠지, 상사에게 밉보이면 직장

생활이 힘들어지고…. 이런 식으로 승낙하지 않을 수 없는 상황에서 동의하게 된 것은 '강요'다. S주임이 "나랑 자지 않으면 계약 파기할 거야"라고 분명히 말할 것도 없다. "안 들어가도 되지?"라는 한마디면 충분하다. 여성은 '아, 이걸 거절했다간 이번 일에서 제외되겠구나' 하는 불안을 감지하며, 스스로 알아서 '어쩔 수 없이 동의'할 수밖에 없는 처지에 몰린다.

남성은 이런 상황을 여성 쪽에서도 자발적으로 합의했다고 느낀다. 분명 S주임이 억지로 호텔방에 끌고 가거나 물리적인 강요를 행사하지는 않았다. 그렇게 할 필요조차 없었기 때문이다.

계약직 사원인 T씨에게 S주임의 "너도 내 마음 알지?"는 '너를 좋아하는 나의 마음'이라는 뜻의 사랑 고백이 아니라 "거절했다간 여기서 일 계속 못해"라는 위협의 말로 들렸을 것이다. 하지만 상사는 이런 상황을 전혀 모른다. 사실 이 경우 외에도 고소당한 상사들은 "사실과 전혀 다르다", "합의한 연애였다", "여자한테 속았다" 등 어디서 다 같이 배워오나 싶을 정도로 똑같은 말을 내뱉는다.

연애형 성희롱에서 흔히 나타나는 이런 패턴의 성희롱은 명백히 위력을 과시하지 않고도 일어난다. 대부분 두 사람 사이에 이해관계가 있어 상대가 자신의 업무를 비롯한 중요한 문제를 좌지우지할 수 있는 상황인 경우가 많기 때문이다. 상사와 부하, 정사원과 파견 사원, 지도교수와 학생, 코치와 운동선수 등이 여기에 해당한다.

　　업무나 학업 지도를 빌미로, 시키는 대로 하면 보상을 주고 하지 않으면 불이익을 줄 수 있는 관계는 위계 혹은 위력이라는 일종의 권력관계다. 하지만 그 과정에서 "나랑 자면 계속 일하게 해줄게", "안 자면 잘리는 거야" 등 옛날 탐관오리나 할 법한 말을 실제로 내뱉는 사람은 없다. 그렇게 명명백백한 성희롱은 만화에나 있을 뿐이다. 그렇기에 더더욱 성희롱으로 지목된 남자들은 대부분 '나는 그런 위협을 가한 적이 없다. 그럴 의도도 전혀 없었다. 따라서 절대 성희롱이 될 수가 없다'라고 생각하게 된다.

　　하지만 본인 생각으로는 일반적인 대시나 데이트 신청이었더라도 권력 관계상 약한 입장에 있는 여성 부하직원은 '이 사람의 말에 따르지 않으면 직장생활이 힘들어지겠지'

라며 불이익을 두려워하게 된다. 아랫사람이 과도하게 눈치를 본 것뿐이라고 생각할 수도 있지만, 아랫사람은 '스스로 맞춰드려야 하는' 처지에 있게 마련이다.

물론 '내가 하는 말이라면 당연히 따라야지'라며 자신의 힘을 분명히 인식한 상태에서 강압적으로 휘두르는 윗사람도 있겠으나, 상당수는 '아랫사람은 내 요구에 응할 수밖에 없다'는 점을 깨닫지 못한다. 즉 철석같이 '자발적 합의'라고 생각한다. S주임이 문을 억지로 열고 들어온 것이 아니라 T씨가 '자기 손으로 방문을 열어주었다'는 측면에서는 자발적이지만, '방에 들이지 않으면 곤란한 상황에 처하게 된다'는 생각에 따라 그렇게 할 수밖에 없었을 뿐, 절대 바라던 바가 아니다. 바라던 바가 아니unwelcome기 때문에 이 행동은 '부득이한 동의'로서 강요에 해당한다.

대다수 남성이 자신의 지위에서 나오는 힘을 휘두를 의도는 없을지도 모른다. '데이트 신청해도 차이면 어쩔 수 없지', '차였다고 복수한다는 건 생각해본 적도 없어'라고 생각하던 양심적 남성의 경우, 마음이 없었지만 그저 '맞춰준' 것이라는 말을 상대 여성에게서 들으면 괴로울지도 모른다. 일방적으로 오해해놓고 '성희롱'이니 뭐니 하며 뒤집어씌우다니 참을 수 없다고 생각할 수도 있다.

하지만 여성에게 데이트 신청을 확실히 거절당하면 기분이 나빠지지 않을까? 자존심에 상처를 입고 열이 확 오르지 않을까? 직장에서 마주치면 민망한 나머지 되도록 재계약하지 말아야겠다는 생각이 들지 않겠는가?

그런 가능성이 전혀 없지 않기 때문에 여성들은 힘이 있는 사람에게 스스로 맞춰주게 된다. 남성들이 '나는 상대가 싫다고 말할 수 없는 파워를 갖고 있다'라는 점을 반드시 자각하길 바랄 뿐이다.

4. 여성의 'NO'는 무슨 뜻일까

이런 오해는 왜 생길까?

남성들의 둔감함은 물론이지만, 'NO'라고 말하지 못하는 (적어도 남성들이 확실히 알아들을 정도로 안 된다고는 말하지 못하는) 여성들의 '배려'나 몸에 밴 '조신함'도 오해나 혼선의 원인 중

하나라는 점은 분명하다.

　'데이트 신청을 거절하면 상대가 보복할 거야', '잘 거절하지 못하면 성격 나쁘다고 찍혀서 잘릴지도 몰라', '대들면 원치 않는 부서로 쫓겨날 수도 있어', '싫다고 말하면 일을 배정받지 못하게 돼' 등 보복에 따른 불이익이나 손해를 입을 두려움 때문에 'NO'라고 말할 수 없는 부분도 당연히 있을 것이다.

　하지만 그런 두려움은 남성 부하직원도 마찬가지다. 조화를 우선시하며 협조를 기대하는 일본의 문화에서 분위기를 파악해 맞춰주는 자세는 남녀노소 모두에게 요구되는 스킬이다. 하고 싶은 말도 그저 꾹 참고 상대에게 맞춰야 한다. 게다가 상대가 상사나 거래처 사람이라면, 좀처럼 'NO'라고 말하기 어렵다. 그러니 여성만 매 순간 사무적으로 계산기를 두들겨 합리적인 판단하에 'NO'를 삼가고 있을 리가 있겠는가.

　그렇게 계산하기도 전에 이미 '상대의 체면을 구기고 싶지 않다', '분란을 일으키고 싶지 않다'는 생각이 앞선다.

　회식 자리에서 부장이 어깨나 허리에 팔을 둘렀다고 하

자(흔한 광경이다). 당연히 불쾌하지만, 그렇다고 "이러지 마세요"라고 질러버리면 회식 분위기가 얼어붙으면서 부장이 무안을 당해 말 그대로 남자의 체면을 망쳐버리는 일이 벌어진다. 그렇게 화기애애한 분위기를 깨는 상황만은 어떻게든 피하고 싶다. 회식 자리를 망치는 장본인이 되고 싶지 않다는 생각이 여성에게는 '상식'으로 자리 잡고 있다.

또한 '성깔 있는 여자로 보이고 싶지 않다'에서 나아가 상식과 양식을 갖춘 여성으로 보이고 싶고, 실제로 그렇게 되고 싶다고 생각하며 지낸다. 특히 여성의 경우, 어렸을 때부터 사람들에게 호감을 줄 수 있는 태도를 갖추고 '착한 아이'가 되어야 한다며 배려심을 기르도록 교육받으며 자란다. '호감 가는 사람이 되어야 한다'는 명제가 완전히 몸에 배어 있는 것이다. 그러니 다소 불쾌한 접근이 있어도 겉으로 티 내지 않고 계속 싹싹하게 행동한다. 이는 '최대한 원만하게 넘어가자', 혹은 '성가신 인간으로 찍히고 싶지 않아'라는 생각을 따로 하기도 전에 튀어나오는 반사적 반응에 가깝다.

2014년에 도쿄도의회의 '성희롱성 야유 사건'이 세간의 주목을 받았다. 시오무라 아야카塩村文夏 의원이 도의회에서 저출산 현상 대책으로 임신, 출산 관련 여성 지원을 강화해야 한다고 발언하던 중, 남성 의원이 "본인부터 아이를 낳아라", "빨리 결혼이나 해라"라는 등의 야유를 퍼부은 사건인데, 그때 야유를 받은 시오무라 의원은 잠시 당황한 듯하다 금세 미소를 띠었다. 순식간에 나온, 이루 말로는 표현할 수 없는 그 애처로운 미소가 너무나 인상적이었다. 왜 정색하고 의연히 항의하지 못했느냐는 비판의 목소리도 있었지만, 그 자리에서 야유를 던진 남성 의원을 똑바로 노려보며 질책할 수 있는 여성 의원이 과연 몇 명이나 있을까. (연륜 있는 의원이라면 그런 야유를 짚고 넘어가거나 항의할 수 있었을지도 모르지만, 애초에 그런 야유가 퍼부어진 건 시오무라 의원이 젊은 여성이기 때문이다.) 웃음으로 분노를 억누르며 그 상황을 원만히 넘기려는 태도가 몸에 밴, 여성이기에 가질 수밖에 없는 감각을 상징적으로 보여주는 순간이었다.

회식에서 부장이 허벅지에 손을 올린 순간 "이러지 마세요"라고 기어들어가는 목소리로 애원하는 일은 있지만, "이러지 마십시오!"라고 딱 잘라 안 된다고 말할 수 있는 사람은 흔치 않을 것이다. 도의회와 술자리를 똑같이 취급하지 말라고 비판할 수 있으나 성희롱이 일어나는 장소는 달라도 문제의 근간에는 남녀차별의 문화 및 풍토가 있다. 그렇기에 '일단은 무조건 남자의 체면을 살려야 한다', '싫어도 웃으며 견뎌야 한다'며 여성에게 주입한 기질을 지적할 수밖에 없다.

또 직장에서 컴퓨터 사용법을 가르쳐준답시고 마우스를 잡은 손 위에 슬그머니 손을 올린다든가, 얼굴을 부담스러울 정도로 가까이 들이민다든가, 팔이나 어깨를 쓰다듬는 등 명백히 성희롱 의도가 느껴지는 행위에도 의연히 "이러시면 안 됩니다"라고 말할라치면 "왜 너 혼자 착각하고 그래? 가르쳐주겠다는 사람한테. 너무 예민한 거 아냐?"라며 가해자가 적반하장으로 판에 박힌 말을 퍼붓는 경우가 많다. 그런 식의 역습을 당한 여성은 'NO'라는 말을 깊이 묻어버리게 된다. 치한도 마찬가지로 상대에게 잘못을 뒤집어씌우기 위해 '단골 멘트'를 사용한다. 여성이 용기를 내서 "이러지 마세요"라고 외쳐도, "너같이 못생긴 여자를 내가 왜 만지냐"라며 역으로 화내는 것이다. 피해자의 존엄에 상처를 입히는 방식으로 입을 막아버리겠다는 비열한 행위다. 이처럼 'NO'라고 말했을 때 극도로 불쾌한 일을 당할 위험이 있다고 생각하면 성희롱의 의도가 분명하다고 느끼면서도 '지금 만지고 있는 건가? 어쩌다 닿은 건가? 성희롱인가? 아닌가?' 하며 계속 주저하다 결국 위험성이 높은 'NO'는 묻어버리게 된다. 하지만 그것이 성희롱이라는 사실은 여전히 변하지 않는다는 점을 명심하라. 남자가 생각하는 것처럼 '상대가 싫다고 말하지 않았으니 성희롱이 아니다' 등의 치졸한 규칙은 직장에서 성립하지 않는다.

5. 침묵을 '밀당'으로 착각하기

성희롱의 법리론을 세우는 데 크게 공헌한 미국 페미니스트 법학자 캐서린 매키넌이 이런 말을 했다. "(원치 않는 성적 언동에 대해) 여성의 가장 보편적인 반응은 일어난 일 전체를 무시하려고 애쓰면서 겉으로는 기분이 좋은 척하며 능숙하게 남자의 체면을 세워주고, 그러면 남자가 만족해서 그만두지 않을까 하고 기대한다."

이를 앞서 다룬 사례로 설명하자면, 부장이 허벅지에 손을 올렸을 때 여성은 전혀 얼굴에 티를 내지 않고 적당한 타이밍을 골라 화장실에 가는 척 자리에서 일어나면서 '이러면 본인에게 관심이 없다는 뜻을 부장도 알아채겠지, 분명히 알아차릴 거야' 하고 생각한다는 것이다. 부장에게 무안을 주지 않으면서도 자리를 뜨면서 피했으니 더 그러지는 않겠지 하는 기대를 품지만, 부장은 그런 식으로 받아들이지 않는다. 오히려 '저 친구 확실히 오케이하지는 않았지만, 웃는 얼굴이었단 말이지. 만져도 밀어내지도 않았고. 이건 오케이라는 뜻이야' 하며 접근의 정도를 더욱 높인다.

여성의 입장에서는 '무시했다', '상대해주지 않았다', '싫다고 딱 잘라 말하진 않았지만 관심이 없다는 뜻을 넌지시나마 드러냈으니 알아들을 것이다'라고 생각하곤 하지만, 그런 섬세함이나 배려는 남성에게 전해지지 않는다. 전해지기는커녕 'YES'로 바꿔서 생각해버리는 일이 많은데, 침묵이야말로 여성들이 괴로움 속에 외치는 'NO'다.

즉, 모종의 권력을 가진 남자에게 딱 부러지게 'NO'라고 말할 수 없는 이유는 나중에 보복을 당할까 두렵기 때문이기도 하지만, 원치 않는 성적 접근에도 대들지 않고 무시하는 것으로 거부의 뜻을 전해야 하는 여성의 상황 때문이기도 한 것이다.

> "회사에서 더위도 식힐 겸 다 같이 호프집에 갔을 때, 남성 직원들만을 대상으로 진행했다는 '여직원 19금 콘테스트'의 결과를 발표하기 시작했다. 나는 '오럴을 잘할 것 같은 여직원 1위'로 뽑혀 소감을 말해달라는 요청을 받았는데, 여기서 부끄러운 내색을 하거나 화를 내거나 울기라도 하면 남자들이 더 좋아할 거라는 생각에 진지한 얼굴로 '그 정도는 아닙니다'라고 담담히 대답했다. 술자리에서 우리끼리 재밌자고 한 일이라고는 하지만, 화가 나서 몸이 부들부들 떨릴 정도였다."(전기업, 40대)

다시 매키넌을 인용하자면 "여성은 성적 메시지를 받아들이지 않으려 한다". 거부하는 말을 꺼내면 자신이 성적 대상이 되었다는 사실을 증명하는 꼴이 되기 때문이다. 그

여기부터 성희롱

것은 여성의 자존심을 망가뜨리는 일인 데다, 직장 내에서 자신이 여성이라는 물건으로 취급되며 성적 대상으로 여겨지는 처지임을 스스로 인정하는 것이나 마찬가지다. 이 사례의 여성이 '담담하게 대답'한 것도 '나는 성적 취급을 받아들이지 않겠습니다', '성적 의도는 의식하지 않겠습니다'라며 성적인 메시지를 받아들이지 않고 넘어가려 하는 '자기방어' 수단으로, 이런 식으로 대처하는 여성이 상당히 많다.

'호감 가는 사람이 되려' 하고 '상대의 체면을 살리려' 하는 습성이 몸에 배었기 때문이든 자존심을 지키고 싶어서든, 여러 이유로 여성들은 성적 메시지나 행동을 못 본 척하며 자신은 그런 일에 관심이 없다는 티를 내는 정도로 'NO'를 전달하려 한다.

그러나 이 상황이 상대 남성에게는 어떻게 비칠까. 다름 아닌 '수용'이다. 즉 자신을 받아들였다고 생각한다. 남성의 입장에서 보면 여성의 '온화한 침묵'은 '수줍어하면서도 받아들인다는 증거'이거나 '자신의 행동을 전혀 눈치채지 못함' 둘 중 하나일 때가 대부분으로, 설마 무시하는 방식이

'NO라는 의사 전달'이나 '하지 말라는 애원과 호소'라는 점은 상상조차 못 한다. 침묵은 여성 쪽이 상대를 배려해 일을 시끄럽게 만들지 않고 원만하게 해결하려는 필사적 노력의 표현이다. "딱 잘라 NO라고 말하지 않은 사람이 잘못이지"라고 몰아세우는 것은 현실을 완전히 무시한 논리다.

또한 여성이 고통 속에서 쥐어짜 낸 '침묵'이나, YES도 NO도 아닌 모호한 태도를 '밀당' 등으로 착각하는 남자가 많아, 이런 인식 차를 수정하거나 조정하는 일이 좀처럼 어려운 경우가 많다.

6. 여자를 위한 명령어는 없다

여성이 NO!라고 말할 수 없는 이유가 하나 더 있다. 이를 위해선 일본 문화의 깊은 곳까지 들어가 봐야 한다.

그것은 바로 여성이 쓰는 일본어에는 NO!가 없다는 점이다. 반사적으로 그런 한심한 일이 어디 있냐고 생각하는 사람이 많을 것이다. 아무리 그래도 말 자체가 없다니 그럴 리가 있겠는가.

하지만 상상해보자. 치한을 만났을 때 여성은 뭐라고 말해야 할까. 여러 고민으로 인해 말을 꺼내기 어렵다는 점은 앞에서 어느 정도 설명했지만, 그럼에도 목소리를 내려고 한다면, "이러지 마세요", "뭐 하시는 거예요" 정도가 고작이다. 어디까지나 부탁이나 질문일 뿐, 이 말로 치한이 겁을 먹고 물러설지는 아주 의심스럽다. 게다가 작고 애처로운 목소리로 말한다면 오히려 치한이 더 즐거워할지도 모른다.

그렇다고 여성이 단전에서 나온 묵직한 목소리로 "하지마!"라고 고함을 지른다면 어떻게 될까. 치한에게 당한 피해자는 여성임에도 주변에서는 여성을 도와주기는커녕 "저 여자 왜 저래?"라며 마치 여성이 상식에서 벗어난 짓이라도 한 것처럼 받아들이지 않겠는가.

안타깝게도 현대 일본어에서 여성이 명령형 문장의 말을 던지기는 정말 힘들다. 심지어 아이에게 말할 때조차 "공부해!", "조용히 해!"가 아니라 "공부해야지", "조용히 하자"라고 말하지 않는가. 그렇지 않으면 신경질적이고 몰상식

한 여성, 더 나쁘게는 욕쟁이 아줌마로 여겨질 수도 있다. 물론 일본어 자체가 나쁘다는 말은 아니다. 가령 에도시대 서민의 모습을 담은 옛날이야기에서는 여성이 남성과 다를 바 없는 거친 말투를 사용해, 남성에게도 '너お前'라고 부르는 장면이 얼마든지 등장한다. 그런데 일본이 근대화되는 과정에서 여성들에게 '현모양처' 규범이 부과되며 언어의 측면에서도 남성과 구별되는 정중하고 겸손한 말투가 '여성어'로 교육되어 지금의 모습이 되었다.

자신의 의사를 분명히 드러내려 하면 '이기적'이라며 손가락질당하고, 대립하는 의견을 강하게 피력하면 '신경질적'이라는 말을 듣고…. 운신의 폭이 너무 좁다. 언어나 문화는 변화하기 마련인 만큼 이런 제약에서 한시바삐 벗어나고 싶지만, 그때까지 애매한 침묵은 YES가 아니라 NO라는 점을 부디 마음에 새겼으면 좋겠다.

그리고 여성도 의연한 태도로 완벽하게 항의해야겠다고 마음을 먹으면 항의하기 더 어려워질 뿐이니 좀 더 편한 마음으로 불평이나 항의를 해보길 바란다.

7. '예쁘네'라는 말이 왜 나빠?

성희롱 이야기를 하다 보면 반드시 나오는 "예쁘다는 칭찬이 왜 나쁜가?"는 중장년 남성(만으로 한정할 수는 없지만)들이 울분을 삭이지 못하고 쏟아내는 가장 중대한 질문 중 하나다. "가슴 예쁘네", "힙 라인이 섹시한데", "확 달려들고 싶은 멋진 몸매야" 등 칭찬이랍시고 하지만 성적인 의미가 명백한 말을 성희롱이라고 하면 그나마 이해한다. 그런데 정말 아름다운 미인이라는 칭찬이 왜 불쾌하다는 걸까? "칭찬이잖아. 그냥 좋아하면 되는 거 아냐?", "그렇게 꼬여서 어쩌자는 거야"라며 왜 성희롱이 되는지 좀처럼 수긍하지 못한다.

하지만 "미인이네, 정말 예쁘다"는 주로 어떤 상황에서 나오는 말일까? 아침 인사라도 하듯 "오늘도 예쁘네. 젊고 예쁜 직원이 있으면 사무실이 화사해지지", "거래처의 아무개 씨가 자네를 미인이라고 칭찬하더라고. 다음 회의도 잘 부탁해"라며 어쩐지 만족스러워하는 상사.

혹은 회의에서 상사가 제안한 계획에 여성 직원이 반대

의견을 냈다고 해보자. 여성 직원이 논리정연하게 의견을 펼치기 시작한 순간, "자자, 너무 심각하게 그러지 말자고. 얼굴도 예쁜 사람이 왜 그래"라며 여성 직원의 발언에 찬물을 끼얹는다.

여성 직원이 "관계없는 말씀이십니다. 그건 성희롱이에요"라며 상사에게 항의하면, '분위기 좀 풀어보려고 기껏 칭찬해줬더니 오히려 화를 내…? 도대체 왜 저렇게 도끼눈을 뜨고 쳐다보는 거야, 히스테리인가? 아니면 그날인가?'라며 전혀 이해하지 못한다.

말 자체만 보면 '미인'이나 '예쁘다'는 긍정적인 의미를 담은 단어지만, 맥락을 생각해 보면 '능력과 상관없이 예쁘게 앉아있는 것이 가장 중요한 업무다', '결국 제일 중요한 능력은 외모다', '어차피 여직원이 하는 말은 들어봤자다'라는 말이나 다름없기에, 일하는 여성을 얕잡아보는 뉘앙스가 포함될 수밖에 없다.

거기에는 사회적으로 작용하는 압도적인 젠더 불평등도 포함되어 있다. 일하는 곳인 직장에서 굳이 '미인'이라는 말을 들을 때, 그 말은 남들과 다를 바 없이 일하는 사람, 여기에 필요한 사람, 사회인, 사원, 노동자로서가 아니라 '여자'로 취급되고 있다는 뜻이기 때문이다. 미인대회에 출전한 것도 아닌데, 남성 중심적 시선으로 일단 외모부터 평가당하는 상황…. 남성 직원에게도 "이렇게 잘생긴 얼굴이 아깝지도 않냐"며 회의 중에 말을 끊어버리는 일이 있을까? 그렇게만 생각해봐도 남성과 여성이 동등한 대우를 받지 못한다는 사실을 금세 알 수 있다.

일하는 여성 대부분은 외모나 여성스러움이 아니라 업무 내용이나 능력으로 평가받길 원한다. '오직' 외모만으로 평가받는 상황은 바라는 바가 아닐뿐더러, '예쁘다'고 평가받으면 오히려 직장인으로서 무시당한다고 느끼게 된다.

과장이나 부장이 남성 직원에겐 제대로 업무 능력을 평가해주면서 여성 직원에게는 얼굴만 마주치면 "아무개 씨, 오늘 헤어스타일 멋져", "얼굴이 예쁘니까 뭘 해도 예뻐 보이네"라며 외모에 대한 말만 늘어놓는다고 생각해보라. 이 사람은 날마다 날 뭐로 보는 거야? 도대체 직원의 어떤 점을 보고 평가하는 거지? 라며 불만을 품는 것은 지극히 당연한 일이다.

즉 '직장인'에게 '예쁘다'는 말은 결코 칭찬이 되지 않는다.

칭찬하려던 말이 역효과를 내면서 일어나는 성희롱은 '여자는 여자답게 가정적인 모습을 보여야 한다'라는 고정적 성별분업 관념을 가진 보수적인 사람이 저지르기 쉽다.

물론 여성스러움을 기대받거나 강요당하거나 하는 일이 불쾌할 뿐 아니라 성차별 및 성희롱이라고 생각하는 여성이 있는 한편, '누구한테든 예쁘다고 칭찬받으면 업무 의욕도 올라가지'라고 생각하는 여성도 있을 것이다. '여자는 여자답게, 남자는 남자답게 지내야지'라고 생각하는 보수적인 여성들은 도리어 자신을 여성으로 대해주지 않으면 실례라고 생각할지도 모른다. 남성들이 "칭찬을 해도 안 되고, 안 해도 안 된다니 대체 어쩌란 말이냐"라며 곤혹스러워하는 것도 무리는 아니다. 하지만 여성을 쉽게 뭉뚱그려 파악하려 하지 말고 한 사람의 '직장인'으로, 또 한 사람의 '인간'으로 경의를 갖고 대해야 비로소 개인의 성향도 보이기 시작하는 법이다. 최소한 직장이나 학교에서는 고정적인 여성스러움을 기대하거나 강요하면 문제가 될 수 있다는 점을 숙지해야 한다.

8. 얘가 어딜 봐서 여자야

직장에 따라서는 외모뿐 아니라, 여성 동료 및 부하직원을 헐뜯거나 노골적으로 따돌리는 등의 문제가 발생하기도 한다. 여기서 문제는 말하는 쪽, 행동하는 쪽은 자신이 '웃음을 유도하면서 분위기를 띄우고 있다'고 철석같이 믿는다는 점이다.

모 광고대행사에서 거래처 접대 명분으로 성격이 활달한 직원에게 비상식적인 개인기를 시킨다는 악습이 최근 알려지기도 했지만, 소위 '보이시'하거나 성격이 '털털한' 여성 직원에게는 "얘가 어딜 봐서 여잡니까" 류의 서두와 함께 외모나 체형은 물론 업무 태도에 대해서까지 심한 말을 하며 소위 '농담'으로 '웃음을 뽑아'낸다. 학교 등에서 벌어지는 '집단 괴롭힘'과 완전히 똑같은 방식이다.

어떤 사람이든 이런 일을 당해선 안 되겠지만, 직장에서 여성은 대개 직위도 낮고 취약한 입장이다. 애초에 '털털한' 성격이니까 이런 말을 해도 얘는 아무렇지 않아, 라는 태도 자체가 이미 일방적이기 때문에 정말로 '아무렇지도 않은' 것이 아니라 '아무렇지 않은 척'해야 한다는 무언의 압박 속에서 그렇게 행동할 수밖에 없었을 뿐인지도 모른다.

이 책에서는 주로 유사 연애처럼 진행되어버리는 성희롱을 다루고 있지만, 이렇게 '놀리는' 방식의 괴롭힘도 상대 여성의 뜻에 반해 이루어지며 직장 환경을 적대적으로 만든다는 점에서는 완전히 동일하다. 게다가 여성에게 섹슈얼리티나 젠더에 대한 공격은 깊은 상처를 남긴다. 가해자 쪽 남성이 자신은 전혀 악의가 없었으며 여성도 분명 아무렇지도 않을 것이라고 진심으로 믿을 수 있다는 점이 그저 놀라울 따름이다.

9. 성적인 의도는 없었다

앞에서 말한 '놀리는' 식의 성희롱에서도 마찬가지이지

만, "성적 의도는 없었다"라는 말은 자신이 한 일은 악질적인 것이 아니며 성희롱도 아니라는 변명으로 흔히 쓰인다.

하지만 다음의 사건을 살펴보자.

직장 회식에서 부하직원에게 음란한 행위를 한 50대 남성 두 명이 강제 외설행위 혐의를 받았다.

> 검찰 측에 따르면 피고는 여성을 뒤에서 꽉 끌어안은 뒤 쓰러뜨려 발목을 잡고 양다리를 벌린 뒤 그 위에 자기 몸을 겹치는 등의 행동을 했다. 그러나 변호인 측은 예전부터 회식 자리에서 얼음이나 고기를 입으로 옮기고 남자들끼리 성행위 시늉을 하는 등의 장난이 있어 왔다며 "이번에도 그런 술자리 장난을 했을 뿐 성적인 의도는 없었다"라고 무죄를 주장했다. (산케이신문, 2018년 2월 19일 자)

이 사건이 있었던 자리가 경찰의 회식이었고 가해자 두 사람 모두 현직 경위였다고 하니 더더욱 경악할 일이지만, 이 정도는 아니더라도 "성적인 의도는 없었다"라는 말은 흔히 들을 수 있다.

과연 '성적인 의도'란 뭘까. 여기선 '섹스하고 싶다'는 명백한 성욕이 이유가 아니라면 문제 될 것 없다는 착각, 무책임이 투명하게 들여다보인다. 그러나 성욕 때문에 한 행동이 아니라 하더라도 여성을 끌어안고 다리를 벌리고 얼음을 입으로 옮기는 일을 '술자리 장난'으로 하는 이유는 뭘까? 이는 모두 섹스나 키스를 흉내 내는 행동으로, 섹스를 연상시키기 때문이 아닌가? 즉 여기에는 성적인 흥미를 자극하고자 하는 의도가 분명히 담겨있으며, 여성의 입장에서는 당연히 성적 멸시가 담긴 성폭력이다.

이렇게 강제 외설죄에 해당할 정도로 악질적인 행위뿐 아니라, 일상적 성희롱에 대해서도 "성적인 의도는 없었다"라는 변명을 하기 쉽다. 그러나 발정 난 동물도 아닌데, 인간이 직접적으로 성욕에 따라 행동하는 일은 애초에 드물지 않은가? 상대 여성에게 직접 성욕을 발산하지 않았다 해도 성적인 흥미가 있었기 때문에 그런 성적인 언행을 한 것 아닌가? 성욕만 생각하며 "성적 의도는 없었다"고 잡아뗀들 변명조차 되지 못한다.

10. 날씨 얘기밖에 못 하는 거잖아!

"이것도 성희롱이고 저것도 성희롱이면 고작 날씨 얘기밖에 못 하는 거잖아! 직장에서 인간적인 소통은 아예 하지도 말란 말이야?" 이것도 남성들이 분통을 터뜨리며 쏟아놓는 단골 질문 중 하나다. 하지만 이는 완전히 번지수가 틀린 분노의 전형적 예다. 이 반응은 비교적 연령대가 높은 남성들이 성희롱이 무엇인지 좀처럼 감을 잡지 못한 채 빠지는 구렁텅이의 상징이자 이 장의 주제이기도 한데, 반대로 이 부분을 이해하면 구렁텅이에 빠질 확률도 현격히 줄일 수 있다.

일단, 성희롱이 아닌 화제는 얼마든지 있다. '성희롱이 될 위험'이 없는 말을 고르고 골라 결국 날씨 이야기밖에 남지 않는다면 그것은 빈약한 의사소통 능력의 문제다. 사람들과 나눌 이야깃거리가 그렇게 부족해서 어쩌겠는가.

① 성적인 말을 하며 장난침

② 사적으로 만나자고 함(집적거림)

③ 외모를 칭찬함(훑듬음)

직장에서 나눌 대화가 이것뿐이란 말인가? 그럴 리가 없다.

"요즘은 상대에 따라 '머리 잘랐네?'라고만 말해도 성희 롱이래"라며 충격받기 전에 당신과 여성 부하직원 사이에 신뢰관계가 구축되어 있는지부터 생각해보자.

여성 직원에게 같은 회사에서 일하는 사람으로서 존중하는 마음과 이해심을 가지고 있다면, 그렇게 쉽게 성희롱이 발생하지 않는다. 당신이 충분히 신뢰받고 있다면 "오늘 머리 스타일 멋지네"라는 말을 건네도 "정말요? 감사합니다"라는 지극히 평범한 대화로 마무리될 것이다. 이성적인 관계가 아니라 그저 같은 인간으로서, 직장 동료로서 적절한 거리감과 신뢰를 유지한다면 대화 정도는 얼마든지 할 수 있다.

또한 "성희롱, 성희롱 하도 시끄럽게 떠들어대니 날씨 얘기밖에 못하잖아. 해도 되는 얘기가 뭔지 모르겠어"라면, 억지로 화제를 찾으려 하지 않아도 된다. '상대방의 말을 듣는' 사람이 되어보자. 상사로서, 직장 동료로서, 부하직원의 이야기를 흥미와 경의를 품고 들으면 된다. 부하들이 따르는 상사, 유능한 상사, 인망이 두터운 상사, 남녀 할 것 없이 모두에게 존경받는 상사는 한결같이 '경청하는 능력'을 가지고 있다.

여성이니까, 라면서 순종적이고 수용적인 자세를 요구하는 태도가 성희롱의 시작이다.

아직도 어떤 일이 성희롱이 되는지 몰라 무섭다면, 직장에서는 성적 발언이나 사생활을 침해할 만한 발언은 삼가는 수밖에 없다. 그렇다고 차가운 상사, 소통 능력이 없는 사람이라고 생각할 사람은 없으니 안심해도 좋다.

11. 내 호의를 거절하다니

남성은 일반적으로 커리어가 쌓이거나 중노년이 되면 저절로 사내 지위가 올라간다. 지위와 권력을 가진 중노년 남성이 거침없이 성희롱을 해대는 모습을 보면 여성을 얕잡아 보고 가볍게 취급하는 것이 거의 습관처럼 되어 있다고 생각하지 않을 수 없다. '권력'을 가진 남성들에겐 주변에서

뭐든 맞춰 주는 경향이 있기 때문에 회사 안에서든 밖에서든 상대의 마음을 배려할 필요성을 느끼기 어려워진다. 상대의 마음을 찬찬히 헤아려보는 노력을 더 이상 하지 않게 되는 것이다. 오직 관심은 자신이 추진하고 있는 수억 단위 프로젝트에 있고 기분을 살펴야 할 사람은 투자자뿐이며, 출세에만 흥미가 있어 그에 관해서는 얼마든지 세심히 의중을 헤아리면서도 부하직원이나 계약직 직원 따위는 그다지 안중에 없다. (이는 아내에게도 마찬가지다. 아무리 아내가 주방에서 요란하게 설거지를 하며 화난 티를 낸들 전혀 신경 쓰지 않는다.) 이런 남성 특유의 둔감함까지 있으니 더더욱 '성희롱 상황'을 판단하기 어려워한다.

권력이 만들어내는 구조를 명백히 인지하는 확신범도 많기 때문에, 모종의 카리스마나 힘을 가진 남성이 여성은 무조건 자신의 지위나 권력을 바라고 접근한다고 믿는 경우도 있다. 꼭 그런 입장에 있지 않은 남자들도 자신이 행사하는 힘에 매료되어 여성들이 따르는 것은 당연하다고 생각하며 '내 능력과 카리스마에 홀려 여자들이 스스로 다가왔다'라고 철석같이 믿는 경우가 심심찮게 있어, 자신이 하는 짓이 성희롱 따위일 줄은 꿈에도 생각지 못한다.

광고회사에서 일하는 M씨(30대)는 존경하는 상사인 남성 임원이 가부키 공연장에 같이 가자고 제안해 흔쾌히 초대에 응했다. 보고 싶던 공연이기도 했다. 그 이후로 각종 전통 예술 공연과 오페라 등을 같이 보러 가게 되었다. M씨는 '취미가 같은 상사'로 대했지만, 그렇다고 사생활에서까지 친하게 지낼 생각은 없었다.

그러던 어느 날, 공연을 보고 돌아오는 길에 상사가 "이제 슬슬 때가 되지 않았어?"라며 육체관계를 요구했다. M씨는 좋아하는 남자가 있다는 이유를 대며 분명히 거절했고, 그 이후로 같이 공연 보러 다니는 친구 관계도 그만두자고 선언했다. 하지만 상사는 그 이후로도 끈질기게 만나자고 졸랐다. M씨의 단골 레스토랑 사장에게 중재를 부탁하는 등 지치지 않고 갖은 방법을 동원했다.

제삼자의 입장에서는 열렬히 구애하는 열정적인 남자로 보일지도 모르겠으나, 그 남자의 마음속에서 요동치고 있는 것은 욕망뿐만이 아니라 '지배욕'일지도 모른다. '내가 가자고 하는데 거절하다니…. 재밌네. 맹랑한 것'과 같은 남자의 자존심과 지배욕 말이다. 이는 자신이 무슨 짓을 하는지 분명히 인식하면서도 잘못을 저지르는 확신범 유형의 남성 권력자에게서 흔히 나타나는 패턴이다.

이런 경우에는 여성의 직권이 위태로워지는 것도 아니고 M씨도 분명히 싫다는 뜻을 밝혔기 때문에 남성의 '열정적인 대시'로밖에 보이지 않을지도 모르지만, 이 역시 명백한 성희롱이다. M씨는 좋아하는 레스토랑에도 가지 못하게 되었고, 그로 인해 레스토랑 사장님과의 관계도 끊기는 피해를 보았다.

성적인 면만 생각하기 쉽지만, '여성에게 자기 뜻을 강요'하는 지배욕 또한 성희롱에 포함된다.

'밥도 사줬는데 키스 정도는 해도 되잖아'라는 식의 왜곡된 기브 앤 테이크give&take가 어느 연령대 이상에겐 당연한 규칙으로 여겨지는 듯하다.

요즘 젊은 사람들 사이에서는 더치페이가 정착했지만, 40대 후반 이상의 세대까지는 식사하고 나면 남성이 계산하는 게 상식이라는 문화가 있었다. 대부분 남녀 간 경제력 차이 때문이겠지만, 상식이라고 하면서도 여전히 '대가'에 대한 의식이 있어서 남성은 직접 입 밖에 내든 내지 않든 "이렇게까지 사줬는데 한 번 정도는 괜찮잖아"라며 대가를 요구하는 일이 흔했다.

"잘 먹었습니다!"라며 마음 편히 돌아가면 "실컷 얻어먹어 놓고 홀랑 가버리다니 개념도 없고 뻔뻔한 여자", "그냥 무전취식하겠다는 거 아냐"라는 말을 듣게 될 때도 있다.

시대가 변하며 남녀관계의 상식도 변해가고 있음을 머리로는 알면서도, 일정 연령 이상의 세대에겐 이런 감각이 어딘가 배어있기 때문에 계속 지배-피지배의 관계를 만들려 한다.

남성들이 빠지기 쉬운 성희롱의 구렁텅이를 자세히 설명했지만, 어떤 구렁텅이든 주의 깊게 들여다보면 무의식적으로 '남자가 위, 여자가 아래'라고 생각하는 차별의식이 드러난다. 이것이 바로 성희롱이라는 구렁텅이의 정체다. 도무지 정체를 알 수 없던(잘 모르던) 성희롱의 윤곽이 잡히기 시작하면 뻔히 알면서 그 구덩이에 빠지는 일도 없을 것이다.

12. 좋은 뜻으로 그런 건데

일반 남성뿐 아니라 언론사에서 일하는 기자들도 '성희롱의 구렁텅이'에 빠지기 쉽다. 예전에 어떤 기자가 취재하면서 있었던 일을 이 장의 마지막에 소개하고자 한다.

어느 도청에서 임시직 직원 채용을 위해 면접을 진행했다. 면접을 본 여성은 결국 채용되지 않았지만, 면접 위원이었던 남성 직원이 이후에 그 여성의 휴대전화로 연락을 취해 타 부서의 구인정보를 알려주기도 하고 여러 차례 식사를 청하기도 했다. '면접 조언'을 해준다며 메신저 아이디를 알려달라고 한 뒤 "구두 굽이 너무 높았어. 나는 좋아하지만"이라고 '조언' 하기도 했다.

채용 면접이라는 업무상의 계기로 알게 된 여성의 개인정보를 멋대로 사용해 따로 연락하며 '데이트'를 신청한 것은 채용하는 입장이라는 권력을 이용한 전형적인 성희롱이다. 여성이 겪어야 했던 곤란함과 불쾌감은 물론, 공적으로 다뤄야 할 정보를 이렇게 사적으로 전용한 것은 공무원·직업인으로서 실격이라 할 만하다.

그런데 이 사건을 취재한 기자가 나에게 이렇게 물었다.

"'같이 밥 먹자는 요청을 거부하면 불합격시키겠다', '나랑 사귀면 취직시켜 주마'라고 했다면 분명히 위법이지만, 이 사건은 아주 미묘해서 남성 쪽은 '좋은 뜻으로', '도와주고 싶은 마음에서' 그랬다고 말하고 있어요. 이렇게 애매한 사건은 어떻게 판단해야 좋을까요?"

이런 질문이야말로 정말 전형적인 '성희롱의 구렁텅이'다.

이 장에서 설명했던 것과 같이, '~하면 채용', '~하면 불합격'처럼 어떻게 봐도 '위법임이 분명'한 말을 내뱉는 사람은 사실상 없다. 속으로는 무슨 생각을 하건 아무도 '내가 너의 취직을 좌우할 수 있다'라는 식으로 뻔히 보이게 권력을 휘두르지 않는다. 대신 '친절을 베풀고자 하는 마음에', '도와주려고' 하는 태도로 접근하게 마련이다. 하지만 받아들이는 입장에서는 아무리 부드럽게 말을 건네도 틀림없이 '위력'을 느낄 수밖에 없다. '미묘', '애매'하기는커녕 이런 사례야말로 위법인 전형적인 성희롱이다.

이 사건에서 도청 측은 남성 직원에게 징계처분을 내리지 않고 "우리 도의 신용이 실추될 수 있는 오해를 불러일으킬 법한 행동"을 한 것에 대해 주의만 주었다고 한다. 얼마나 너그러운 조치인지 말할 필요도 없다.

기자는 물론 독자들도 이런 사건을 '미묘'하고 애매한 문제라고 생각했다간 구렁텅이에 빠지게 될지도 모른다!

2장 추락기 공원의 주민들

1. 고위직의 상식은 세상의 비상식

'들어가며'에서도 설명했지만, 이 책을 쓰게 된 계기는 재무성 차관의 성희롱 발언과 장관을 비롯한 주변 공직자의 몰이해였다. "가슴 만져도 돼?" 등 믿기 어려운 폭언과 그게 뭐가 나쁘냐는 식으로 잡아떼던 모습이 얼마나 시대착오적이었는지. 말문이 막히는 동시에, 도대체 언제 적 사람일까? 하며 신기한 것을 본 듯한 충격이 있었다.

그것은 멸종한 줄만 알았던 공룡과 난데없이 마주친 듯한 충격이다. '아직 살아있다고? 내가 쥬라기 공원에라도 와 있나?'라는 심정이다. 관료나 정치가들의 행동을 보며 진작 멸종했어야 할 공룡이 외딴 섬 안에서 요란하게 포효하며 활보하는 모습이 떠오른 사람이 과연 나뿐일까. 이런 비유를 해서 공룡에게 미안하긴 하지만 말이다.

이 장에서는 '상류층 엘리트'라 불리는 만큼 의식도 높아야 할 일본의 고위층이 이렇게 꼬리에 꼬리를 물고 성희롱 발언을 쏟아내는 이유를 살펴본다.

관료나 정치가의 성희롱 문제는 일반인과 멀리 떨어진 특수한 세계에서 일어나는 희귀한 일이 아니다. "일반 기업에서 일하는 나하고는 별 관계없는 이야기 아닌가?"라고 묻는다면 경솔한 생각이다. 일본의 중추에서 일어나는 문제는 전체 성희롱을 상징하는 것이기도 하므로 성희롱 문제를 이해하는 데 최적의 반면교사 혹은 훌륭한 참고서라고 말할 수 있다(사례가 많아도 너무 많아서 질릴 정도이긴 하지만).

한편 최고위층이라고 불리는 사람들이 실언을 거듭하는 이유 중 하나로 '국민에게 비상식'이 '관료에겐 상식'이어서 '문제가 되지 않는다'고 여겨진다는 점이 지적됐다. 나는 이 사태를 보며 가장 놀란 사람은 다름 아닌 일반 기업의 남성들이었으리라고 생각한다.

민간 기업에서는 균등법에 정해진 성희롱 지침에 따라 성희롱 방지를 위한 연수를 정기적으로 실시해야 한다. 이는 공무원도 마찬가지다. 인사원 규칙 10-10 [성희롱 방지 등] 제7조에 따르면 "각부 각처의 장은 성희롱 방지를 위해 반드시 직원에 대해 필요한 연수 등을 실시해야 한다"고 정해져 있다. 그러나 그 장에 해당하는 사무차관이 성희롱 행위를 저지르는 한심한 꼴이라니. 국장이나 차관급은 민간 기업으로 치면 고위 간부에 해당하는 중역이다. 이런 성희롱이 일반 기업에서 일어났다면 평사원이라도 모종의 조치나 징계를 면치 못했을 것이며, 간부급이었다면 더더욱 엄하게 다뤄져 단번에 해임될 가능성도 충분하다. 간부급이 저지른 성희롱 문제는 대외 신용을 실추시키기 때문에 주주들에게 그런 인물을 경영자로 임명한 책임을 추궁받을 거대한 불상사다.

이것이 '국민의 상식'이지만, 공직에서 간부에 해당하는 장관, 차관, 정치가는 아무도 진지하게 사죄하지 않고 책임을 지지도 않으며(후쿠다 전 차관은 사직하긴 했지만 성희롱 행위를 인정하진 않았다), 거의 적반하장의 태도로 넘겨버렸다. 그러니 다수의 기업인이 "아무리 그래도 요즘 세상에 기자에게 그런 발언을 하다니 말도 안 된다"며 '관료의 비상식'에 심각한 의구심을 표한 것 아니겠는가.

또한 위원회 등 국회의 전체 장소에서 여전히 흡연 가능하다는 점도 매우 충격적이다. 간접흡연 방지에 대한 의식이 높아지면서 공공장소에서의 흡연을 법으로 금지해야 한다는 목소리가 높아지는 때에 국회는 여기저기서 흡연이 가능하다니 말이다. 이런 부분에서도 낡은 가치관은 물론 세상과의 격차를 느낀다.

사회를 이끌기 위해 가장 선구적이어야 할 사람들이 실제로는 가장 낡아빠졌다는 모순은 역시 과학의 힘으로 복원된 공룡이 서식하는 쥐라기 공원과 어딘가 비슷해 보인다.

2. 우물 안 개구리

후쿠다 전 차관의 일련의 성희롱 발언에 대해 아소 다로 재무장관을 비롯하여 시모무라 하쿠분 전 문부과학성 장관, 야노 고지矢野康治 재무성 관방장, 나가오 다카시長尾敬 중의원 의원이 하루가 멀다고 불에 기름을 붓는 격의 발언을 쏟아냈다. 도대체 이 인물들이 연달아 그릇된 발언을 거듭하며 제 발로 성희롱의 구렁텅이에 들어가는 이유는 무엇일까.

다들 거기서 거기인 수준의 인간밖에 없는 '직장'에 몸담고 있어서가 아닐까. 아무리 주변을 둘러봐도 자신과 비슷한 사람밖에 없기에 자신의 발언이나 행동에 무슨 문제가 있는지 전혀 깨닫지 못한다. 쥬라기 공원 안에서 격리 보호되어 온 공룡은 자신들이 오래전에 멸종했고 지금은 매우 희귀한 종이라는 사실을 알 리가 없다. 섬 안에는 공룡밖에 없으니 말이다. 자신이 시대착오적인 이상한 생물이라는 생각은 전혀 하지 못한다.

특히 고위층 엘리트 관료라고 불리는 사람들은 외부인과의 접촉이 제한적인 데다 본인이 '윗사람'으로만 군림하는 실로 좁은 세계에 살고 있다. 부하직원도 그들에게 '직언' 따위 일절 하지 않는다.

그러다 보면 오가는 정보가 편향되면서 세간의 '변화하는 상식'이나 '성희롱의 현실'에 따라가지 못하게 될 수밖에 없다. 성희롱에 대한 생각도 '만지지만 않으면 되지 않냐'는 수준이다. 뒤처져도 한참 뒤처진 의식 및 지식수준에서 시간이 멈춰버렸기에 그 정도밖에 모르는 것이다. 재무성은 모든 부처 중에서도 가장 높은 곳으로 통하며, 그중에서도 간부급인 관료의 상당수가 도쿄대 법학부 출신인 만큼 출중한 지성과 교양을 갖추고 있어야 할 텐데도, 성희롱에 대한 이해, 나아가 인권에 대한 이해 수준은 변변찮다고 말할 수밖에 없다.

사회로부터 아무리 압박을 받아도 실언, 망언, 폭언이 거듭되는 이유는 그들이 진심으로 '왜? 뭐가 문젠데?'라고 생각하기 때문이다. 어느 정치가가 "여자는 무조건 애를 셋 이상 낳아라"라고 했던 발언도 진심이었기 때문에 그 뒤로도 입을 다물지 못하고 끊임없이 비슷한 말을 늘어놓는 것이다.

성희롱은 회사 분위기나 문화 등 직장 고유의 환경과 깊은 연관을 맺지만, 오래 일하다 보면 우물 안 개구리처럼 자기들의 환경이나 문화에 의문을 품지 못하게 된다. 소통을 한답시고 성희롱이 빈발하는 직장에서는 가해자의 사고방식이 곧 직장의 상식으로 통용되고 있는 경우가 흔하다.

의원은 특별직 공무원 지위다. 공무원은 앞에서 서술한

인사원 규칙 10-10의 제5조 "직원은 다음 조 제1항의 지침이 정한 바에 따라, 성희롱을 하지 않도록 주의해야 한다"는 조항을 준수해야 하는데 특별직 공무원인 의원은 이 법률의 범위에 속하지 않는다.

차관은 각 성에서 가장 높은 지위라고 해도 일반 공무원에 해당하지만, 이렇게 강력한 권력을 행사할 수 있는 지위의 '특별한 분들'은 아무리 명백한 성희롱 발언을 거듭해도 주위 사람들이 거기에 맞춰줄 뿐, "그런 말씀은 하시면 안 됩니다", "문제가 됩니다"라고 제대로 비판하거나 기탄없이 의견을 내지 않는다.

후쿠다 전 사무차관도 자신의 천박한 언사는 분위기를 부드럽게 하려던 사심 없고 친근한 발언으로, 자신은 장난기가 많아 사람들이 좋아하는 성격이라고 생각하고 있던 것이 분명하며(어디까지나 내 생각이다), 실제로 친구들 사이에서 가끔 그런 얘기를 들었을 수도 있다. 6~70년대에 직장마다 꼭 있었던 정말 뻔한 구닥다리 성희롱 아재일 뿐인데, 자기 평가가 너무 너그러운 것은 물론이거니와 1장에서 설명했던 구렁텅이란 구렁텅이에는 전부 빠지고 있다.

의견이 통하지 않고 늘 용서받기만 하는 쥬라기 공원의 벌거벗은 임금님들은 배울 기회도, 배울 마음도 없기에 사고가 발전하지 못하고, 마지못해 사과하더라도 반성은 하지 않기 때문에 엇비슷한 실언을 계속 반복하게 된다.

이런 악순환을 멈추기 위해서는 사회인으로서 마땅히 갖춰야 할 감성과 업데이트된 상식이 필요하지 않겠는가.

공직에 있는 사람이기도 하니 관료나 정치가에게만 시선이 집중되긴 하지만, 대학교수 등 교육자도 가르치던 학생에게 성희롱으로 고소당하는 사례가 속출하고 있다. 이런 사람들은 IT 기업의 사장이나 방송국 프로듀서, 기업 CEO, 관료, 의원과 다르게 재력이나 권력이 막강하지 않아도 공부하고 싶어 연구실로 찾아온 학생을 상대로 좁은 학문 공동체 안에서 '왕 노릇'을 하고 있다.

3. 나는 결백하다

이에 대한 전형적 사례를 살펴보는 데 가장 적합한 책으

여기부터 성희롱

로 사사키 지카라^{佐々木力} 저『도쿄대학 학문론─ 학문의 열화^{東京大学学問論·学道の劣化}』(2014)를 소개하고자 한다.

사사키 지카라는 과학사 및 과학철학 전문가로 전 도쿄대 교수다. 홍보에 따르면 이 책은 과학사 전문가라는 입장에서 일본사회가 직면한 중대한 과제를 짚어보고자 "도쿄대에서 학문의 존재 방식을 묻는다"고 하지만, 사실은 사사키가 재직 중에 받았던 괴롭힘 처분(2004년 12월 24일 발표, 정직 2개월)이 옳지 않으며, 오히려 잘못된 징계 절차로 인해 벌어진 일이었음을 구구절절 설명하고 있다. 더구나 도쿄대의 공식 발표에 따르면, 사사키가 받았던 처분의 이유는 지도하는 여학생에게 함께 해외여행을 가자고 집요하게 요청하고 결국 학생이 지도교수를 바꾼 후에도 "내 지도학생으로 돌아오지 않으면 학위를 받지 못한다"는 등의 이메일을 수차례 보내 학생이 불면에 시달리는 상황에 몰리기까지 했기 때문이었다. (마이니치신문 12월 25일 보도)

사사키는 "만일 도쿄대에 학문의 도가 아직 존재한다면, 무고를 밝히는 절차를 시급히 마련해야 한다. 그것 없이 도쿄대의 학문은 회생할 수 없다"라고까지 주장하고 있지만,

이 책을 쭉 읽다 보면 그가 괴롭힘을 저질렀다는 사실은 분명하다고 생각하지 않을 수 없다. 우선 자신이 해외 학회에 여학생을 동행시키려 했음을 책에서도 완전히 부정하지 않는다. 그의 말에 따르면 그 대학원생이 먼저 가고 싶다고 해놓고 도중에 가지 않겠다고 말을 바꿨기 때문에 '신의信義 위반'으로 여러 번 강력히 질책할 수밖에 없었다고 한다. 그러다 박사논문 지도를 중단하기에 이르렀다는 것이다.

여자 대학원생의 입장에서는 지도교수에게 이런 식으로 인격적 공격을 당하다 박사논문 지도마저 받지 못하는 막대한 피해를 당했다. 보도에 따르면 여성은 불면에 시달리기까지 했다고 하는데, 박사학위를 목표로 도쿄대에서 공부하다 그렇게 집요한 공격을 당했으니 정신적으로 어려움을 겪을 만도 하다.

무엇보다 자신의 결백을 주장하는 이 책을 끝까지 읽어도 왜 그렇게까지 그 학생이 해외 학회에 '원래 예정대로' 가는 일에 집착했는지 이유를 도무지 알 수 없다. 그는 "동행을 강요한 적 없다"고 서술하고 있지만, 지도교수와 학생의 관계에서 "왜 가지 않냐"고 끈질기게 추궁하는 행동은 강요와 마찬가지라는 사실을 끝내 모른 척한다.

그의 주장대로 학생이 먼저 가겠다고 했다 해도, 이 사건이 괴롭힘인지 아닌지 판가름하는 데에는 영향을 미치지 않는다. 유럽에서 학회가 열린다는 이야기가 나왔을 때, 학생이 "가보고 싶다" 정도의 말을 했다는 것은 조금도 이상한 일이 아니기 때문이다. 게다가 이 책에 따르면 그때 사사키가 장래에 유학을 갈 것에 대비해 입학 담당 교수에게 그 학생을 소개해줘야겠다는 생각도 했다 하니, 교수가 "가게 되면 소개해주마", "좋은 기회다"라고 할 때 학생이 "감사합니다", "꼭 가겠습니다" 정도로 대답하는 상황은 얼마든지 짐작할 수 있다. 하지만 그 후 여행 계획이 구체화되는 중에 모종의 이유로 ―어디까지나 상상이지만, 학회를 같이 가자는 선생의 의도에 성적 뉘앙스가 느껴져 꺼려졌을지도 모르고 금전적으로 무리라고 판단했을지도 모른다― 생각을 바꿔 '아무래도 못 가겠어요'라고 말했다 해도 그것이 왜 문제란 말인가. 같이 가기로 한 약속을 어기는 것이 용서하기 힘든 '신의 위반'이라며 반복적으로 질책당한 학생은 얼마나 힘들었겠는가.

이 책에서 여러 차례 설명했듯이 성희롱을 둘러싼 분쟁에서는 싫으면 왜 처음부터 알아듣게 말을 하지 않았냐거나 처음에는 싫다는 말이 없다가 나중에 성희롱이라고 문제를 제기하는 건 어불성설이라는 반응이 가해자의 전형적인 주장이다. 하지만 출중한 지성을 자랑하며 깊이 있는 통찰력을 갖추고 있어야 할 사사키 정도의 인물조차 그런 사고의 문제점을 깨닫지 못한 것이다. 성희롱은 곧 음란 행위를 저지르는 일이라는 만화 같은 이야기를 사사키 선생마저 믿고 있었다는 말인가.

더구나 그는 도쿄대에서 자신의 사건을 조사했던 위원회에 대해서도 노여움에 차 있다. 친구인 오리하라 히로시折原浩 전 도쿄대 교수(그 책의 '발문'을 집필했다)가 "통상적으로 시민형법에선 '무죄 추정'이 기본인데 도쿄대에서는 그렇지 않다"라고 했던 말을 빌려, 어디까지나 조사위원회가 공정하지 않았다는 듯이 서술하고 있지만, 그 논리 역시 성희롱에 대해 아무런 이해가 없음을 폭로할 뿐이다.

굳이 말할 필요가 있을까 싶지만, 그는 형법이나 민법의 '성희롱 죄' 혐의를 받고 있지 않다(그런 법도 없거니와, 있다면 대

학이 조사를 담당할 리가 없다). 대학이나 기업이 조직 내에서 성
희롱 사건 조사나 처분을 담당하는 것은 직장 구성원의 노
동환경(대학에서는 학생들의 학업환경)이 침해되지 않도록 관리
하고, 혹시 그런 일이 발생했다면 문제를 해결해 환경을 개
선하기 위해서다. 하지만 가해자로 지목된 쪽이 "성적 의도
는 없었다"고 주장하고, 심지어 본인의 입장에서는 변명이
아니라 실제로 그렇게 생각한다 해도, 피해를 당한 쪽이 성
희롱으로 받아들였고 객관적으로 봤을 때 그것이 합리적인
문제 제기라고 여겨질 때 '상대는 성적 의도가 없었기 때문
에 문제되지 않는다'고 판단한다면, 대학이나 조직은 심각
하게 책임을 방기하는 것이 된다. 물론 신고자의 주장을 전
부 그대로 받아들여 판단해야 한다는 뜻은 아니다. 당연히
객관적, 합리적 근거는 어느 정도 갖춰야 하지만, 이 사안
의 경우에는 사사키 본인이 자신의 책에서 밝힌 대로 지도
의 측면에서도 위협이라 볼 수 있는 말을 적지 않게 했으
며, 그로 인해 학생은 심신의 건강은 물론 연구 환경까지
심각하게 손상되었다. 따라서 이것이 성희롱, 혹은 괴롭힘
이라는 판단은 충분히 타당하다.

이처럼 그의 책은 성희롱, 괴롭힘이 무엇인지 이해하지 못하는 사람, '무고론'을 주장하는 사람들의 사고방식을 알 수 있는 귀중한 자료. 성희롱 문제에 관심이 있는 분들은 한 번 읽어보기를 권하지만, 그런 책을 사주기는 싫은 분들은 졸고 '괴롭힘 문제가 드러내는 대학의 고질병'(『현대사상』 2014년 10월호)에서 상세히 논하고 있으니 이 논문을 읽어보아도 좋을 듯하다.

4. 그럴 사람이 아니야

성희롱과 관련한 조치가 있으면 주위의 남성들로부터 반드시 이런 반응이 나온다. "그럴 사람이 아니다", "그 사람이 그런 짓을 할 리가 없다", "재수가 없었다", "꽃뱀이겠지" 등. 당사자의 행위나 언동을 본인이 직접 알든 모르든, 이런 식으로 가해자를 감싸주려 한다. 여성문제를 잘 이해하고 있는 사람들도 유독 성희롱에 관해서는 "뭔가 어쩔 수 없는 사정이 있었던 거 아냐?"라며 동정적이고 관용적인 태도를 보인다.

아소 장관이나 야노 관방장의 발언에도 마찬가지로 '가해자' 후쿠다 전 차관에 대한 이해심이 보인다.

왜 감싸주는 걸까? 우선은 성희롱에 대한 현실 감각 없이 성희롱이란 비도덕적이고 악랄한 외설 행위라고 한정하고 있기 때문에 '그런 말 몇 마디 정도로 난리를 칠 것까지야…'라고 생각하는 것이다. 그 정도의 일 가지고 꼬치꼬치 따지다니 괘씸하다고까지 생각할지도 모른다. 성희롱이란 순전히 나쁜 사람이나 하는 짓인데, 설마 그런 '나쁜 짓'을 자신의 직장 동료나 친구, 지인이 저지를 리가 없다고 굳게 믿고 있을 수도 있다.

또 성희롱의 배경에는 반드시 지위나 권력 등 힘의 상하 관계가 존재한다. 가해자 쪽에는 당연히 나름의 힘이 있기 때문에, 직위가 낮은 평사원이라도 파견직이나 계약직 사원 혹은 거래처 직원을 상대할 때 발생하는 권력 차가 분명히 있다. 그러니 주변 남성 입장에서 남성과 여성 중 어느 쪽 편을 들어야 득이 될지는 뻔하지 않겠는가. 힘이 있는 남성 편에 붙어야겠다는 계산은 조직 내에서 살아남는 수

법이기도 해서, '기대려면 큰 나무에 기대라'라는 말이 어떤 면에서는 거의 상식 수준의 처세술에 해당한다. 하물며 '관계'나 '정계'는 일반 샐러리맨의 세계를 한층 응축, 밀폐, 보존한 더할 나위 없이 끈끈한 남자들의 사회다. 힘 있는 자에게 영합하는 것도 당연하다.

게다가 '남의 일이 아니다'라는 생각이 들지도 모른다. '그 정도 말은 나도 한두 번 했던 것 같은데', '지금까진 아무 일 없었지만 만일 상대가 적극적으로 나왔으면 관계를 맺었을지도 몰라. 그러곤 나중에 성희롱으로 신고당하는 거지…'라고 자신의 행동을 곱씹으며, '제발 그런 일 없어야 할 텐데' 하고 두려워한다. 이렇게 '다음엔 내가 될지도 몰라'라는 제멋대로의 위기의식이 가해자를 감싸고 싶게 만들 수도 있다.

가해자에게 베푸는 관용이 문제인 이유는 성희롱의 사실을 왜곡하여 문제를 미화, 혹은 축소하면서 전부 2차 가해로 이어지기 때문이다. "잘한 건 아니지만, 그렇다고 성희롱이라니 말도 안 돼", "기업 이미지를 중시하는 조직이다 보니 운 나쁘게 징계를 받았다", "이상한 여자한테 홀려서 함정에 빠졌다더라"는 식으로 갖다 붙인 이야기가 만들어지고 유포되면, 문제 제기를 한 피해자를 한층 괴롭히는 2차 가해가 될 뿐이다. 일과 관련해 이해관계가 있는 사람도 가해자가 무죄나 무고라는 이야기를 덥석 받아들여 주변에 퍼뜨리는 경향이 있으므로 더욱 주의해야 한다.

남성이 자기들끼리 있을 때 보이는 모습과 여성들에게 보이는 모습은 다르다. 남녀 할 것 없이 누구나 상대에 따라 표정과 태도를 바꾸지만, 특히 상대 여성이 자기보다 지위가 낮고 어리면 남성들은 더더욱 다른 모습이나 태도를 보이곤 한다. 세간에서 인격자로 통하는 사람이 성희롱을 저지르는 일도 결코 드물지 않다.

"좋은 사람이다", "인권 의식이 높은 분이다", "지적이고 진보적이다", "일만 할 줄 알지 여자에겐 전혀 관심이 없다"라며 주변 남성들이 추켜올리는 A씨가 여성들로부터는 "잘난 척이 심하다", "오만하다", "경박하고 여자를 밝힌다"는 평을 들을 수 있다. 이렇게 남녀 간에 인상이 전혀 다른 경우는 얼마든지 있다. 성희롱으로 고발당한 남성이 그를 감싸는 동료 남성과 피해자인 여성에게 보였던 태도는 아예 다르다.

게다가 관계의 성격에 따라서도 남성의 얼굴은 변한다.

적은 힘일지라도 부하나 파견 직원에게는 '휘두를 수 있는 권력'이 있기 때문에, 남성들끼리 보이던 얼굴과는 상당히 다른 모습을 여성들에게 보인다 해도 전혀 신기하지 않다.

회사에서는 지적이고 온화한 젠틀맨으로 정평이 난 남자들이 의식적인지 무의식적인지 비행기 승무원이나 식당 점원, 판매직 여성 등 '서비스업'이라 불리는 직종의 사람들을 대할 때는 마치 딴 사람인 양 고압적인 행태를 보이는 경우도 많다.

자타 공인으로 '누구에게나 한결같고', '솔직하고 순수하며', '수줍음이 많다'고 얘기되는 남성들도 '권력'을 휘두를 수 있는 관계에서는 또 다른 얼굴이 나오는 것 아닐까? 성희롱이라는 말을 듣는 순간 '설마 그 사람이', '그럴 리가 없어'라고 감정적인 태도로 부정하는 일은 이제 멈춰야 한다.

5. 엄마 아니면 접대부

어디까지나 사견이지만, 성희롱을 저지르는 이른바 고위층 남성들의 상당수는 어렸을 때부터 공부를 정말 열심히 했을 것이다. 젊은 시절에 여성과 여러 번 사귀어 봤다는 사람은 별로 없는 것 같다. 가족 중에 누나나 여동생이 있으면 그나마 다행이지만, 중고등학교가 모두 남학교였던 사람도 많고 성인이 될 때까지 여성과 접할 기회가 거의 없어서, 굳이 나누자면 별로 인기가 없는 청춘을 보낸 사람이 많은 듯하다.

그 후, 죽도록 공부한 보람이 있어 일류 대학에 입학하고 일류 직장(정부 기관)에 취직이 결정되어 지위와 수입이 순조롭게 쭉쭉 오른다. 이렇게 되면 사람이(여성 포함) 따르기 시작한다. 지금까지의 인생은 도대체 뭐였던 걸까 싶을 정도로 인기가 생긴다. 업무로 만나는 여성들이 자신을 웃으며 대해주고 술집에 가면 끝도 없이 비위를 맞춰주는 천국이 펼쳐지며 직장에서도 젊은 여자들이 싹싹하게 대해준다. 이렇게 과거에 여성과 함께한 경험이 없던 사람이 갑자기

대우를 받기 시작하면, 딱히 근거가 없어도 자신감이 솟아나 '나는 인기가 많아'라고 착각하기 시작하는 것도 무리는 아니다. 지위와 권력을 등에 업고 약간 제멋대로 구는 정도는 어디서든 받아주니, 수십 년 고생하는 동안 꿈꿔왔던 인기를 마침내 얻어 실로 인생의 봄이 왔다며 감격하게 된다.

하지만 잠깐. 지금 받는 대우는 돈과 지위 때문일 뿐이다. 사람은 돈과 지위를 따르는 법이라는 사실을 완전히 잊어버린 것은 아닌가.

세간에서는 중장년 대상 남성잡지가 "사실 지금이 가장 잘나가는 시기"라며 부채질하고, 지하철에 걸린 주간지 광고에선 "죽을 때까지 섹스"라며 부추긴다. '남자라면 열정이 끓어올라야'라고 말하는 듯 등을 떠밀리는 와중에 부하 직원이나 업무로 알게 된 여성과 성관계를 맺는 일은 한편으로는 '남자의 패기', '남자의 숙원'이라고 생각될지도 모른다. 그러나 그로 인해 치러야 할 대가는 너무나 크다.

성급한 일반화라고 비판받을 수도 있겠지만, 적지 않은 남성에게 '여성'이란 그저 어머니거나 접대부일지 모른다. 무슨 짓을 해도 "착한 아이가 왜 그럴까" 하면서 부드럽게 나무라는 어머니와 무슨 짓을 해도 "멋있어요"라며 웃는 얼굴로 맞춰주는 접대의 달인을 기대하는 것이다. 여성을 순종적, 수동적 이미지로만 고정한 채 여성에게 모성이나 종속적 헌신을 바란다. 그러니 '여자라면 당연히 받아들여 주겠지'라며 자신만만하게 성희롱을 반복하는 것일 테다.

"전체 상황을 살펴보면 성희롱에 해당하지 않는다는 걸알 수 있다"고 하는 후쿠다 전 사무차관의 발언을 보면, 억지라기보다 "서로 분위기를 공유한 상황에서 장난스럽게 이루어진 소통이었다. 분명히 상대도 별로 싫지 않았을 것이다"라며 자기 편할 대로 믿어버린 듯하다. 힘을 가진 남자들은 상대의 입장이나 감정을 헤아리는 노력이 필요 없는 환경에서 살아간다. 특히 여성을 '엄마 아니면 접대부'로 대하는 방식밖에 모르기 때문에, 아무리 시대에 완전히 뒤떨어졌다고 지적해도 전혀 통하지 않는다. 업무로 만나는 여성에게 성적인 눈길을 보내면서도 좀처럼 잘못인 줄 모른다. 이런 태도가 국가의 고위층 관료들 사이에서는 당연한 일로 통하다니, 약간의 절망과 함께 고통이 밀려온다.

6. 순진한 걸까 의도적으로 무지한 걸까

1장에서 '성희롱 행위를 당하는 여성이 불쾌감이나 고통을 느끼는 일에 대해, 행동을 한 남성 쪽은 전혀 그 행위가 그렇게 끔찍한 일이라고 생각하지 않는다. 따라서 가해자에게 악의는 없었던 셈이다'라는 유형의 통념을 설명했다.

그런 남자들의 성희롱 행위가 '악의 없'을 뿐 아니라 다른 뜻도 없고 일부러 누구한테만 그러는 것도 아닌, 어떤 의미에서 공명정대하게 이루어진 행동인가 하면 물론 그렇지 않다. 상대가 젊은 여성 부하직원이나 파견사원, 아르바이트 학생일 때에는 '악의 없는' 성희롱을 저지르지만, 여성 상사나 사장의 부인 등을 상대로는 "가슴 만져도 돼?", "키스해도 돼?", "더 섹시한 옷 좀 입어봐" 따위의 말을 절대 못 하기 때문이다.

그런 상대에 대해서는 상황을 정확히 파악하고 역관계를 가늠하면서 상대의 감정을 배려한다. '악의 없이' 둔감하게 있을 수 있는 이유는 상대 여성의 존재를 얕보는 마음과 얕봐도 되는 상황 때문이다. 이를 정확히 알고 상대를 고르기

여기부터 성희롱

때문에 여성 상사나 상사의 부인은 '여자'로 취급하지 않는 것이다. 따라서 가해자의 태도는 대부분 '의도적 무지'라고 할 수 있다.

"애를 셋은 낳아야지", "애를 안 낳는 게 행복하다는 건 이기적인 생각이야"라며 악의 없이 발언하는 의원들도 아베 아키에* 앞에서는 결코 그런 말을 입에 올릴 리 없다(뒤에서는 할지도 모르겠다). 죽이 잘 맞는 친구들과의 술자리나 무슨 말을 하든 "지당하신 말씀입니다"밖에 돌아오지 않는 부하직원들 앞에서는 아무렇게나 악의 없는 성희롱 발언을 잇달아 내뱉는다(그래서 이따금 유출되기 마련이지만). 그렇게 생각하면, 어느 정도의 연령이나 지위가 있는 남성들에게는 '여성 경시'와 직결된 '둔감함'이 구조적으로 심겨 있다고 볼 수 있을 것이다. 그렇다면 역시 어리숙한 걸까?

하지만 어리숙하든 의도적 무지이든, 그저 무지할 뿐 아니라 편견으로 상대를 모욕하는 언행은 전부 성희롱이다. 악의가 없었다고 해서 성희롱이 아니라고 말할 수 없다. 성

---

* 　아베 신조 총리의 부인.

희롱에서는 자각이 없더라도 잘못이긴 마찬가지다.

"차관 담당 기자를 전부 남자로 바꾸면 되잖아", "애초에 여자하고는 회식하면 안 돼"라던 아소 다로 재무장관의 발언도 둔감한 권력자가 할 법한 말이다. 얼핏 이것이 여성을 성희롱으로부터 보호하려는 대책으로 보일 수 있지만, 전혀 그렇지 않다. 이 발언은 '남자는 누구나 성희롱을 할 가능성이 있다, 남녀가 단둘이 있다 보면 성희롱이 일어나게 마련이다'라며 성희롱을 긍정하거나 용인한다는 점에서 문제가 있다. 이는 절대 근본적인 해결이 되지 못한다. 더구나 남성 관료나 정치가에게는 남성 기자만 배정하고 이성과의 회식을 금지해버리면 여성 기자들은 동등한 업무를 할 수 없다. 활동 영역이 한정되어, 쌓아 올릴 수 있는 경력이나 장래의 가능성을 잃을 수도 있다. 여성을 배제하는 조치는 아무것도 해결할 수 없을뿐더러, 그렇게 하면 여성들이 일할 곳을 빼앗기게 된다는 부작용은 고려하지도 않은 부적절한 대책이다. 성희롱을 당하기 싫으면 남자랑 같이 일해야 하는 직장에서 나가면 되지 않나, 라는 의도도 느껴지는데 이것도 그저 어리숙함 혹은 무지일까? 어느 쪽이라

한들 옳지 못하다.

7. '아재'와 어울리면 '아재'가 된다?

　권력자에게도 신참 시절이 있었을 것이다. 죽어도 저렇게 되거나 비슷한 경로를 밟지 않겠다고 생각할 만한 끔찍한 상사도 정말 많이 봐왔을 터다.

　물론 상사라고 불리는 사람 중에는 인격적으로 훌륭하고 실력도 뛰어나 충분히 존경할 만한 사람도 많을 것이다. 그런데 왜 이렇게까지 똑같은 일이 되풀이될까? 왜 세대가 바뀌어도 성희롱 문제는 일일이 셀 수 없을 정도로 일어나며, 성희롱 아저씨도 끝없이 나타날까.

　어느 세대부터는 학생 시절부터 같은 동아리나 아르바이트 장소, 취미 커뮤니티 등 여러 공간에서 여성과 함께 동등한 활동을 하면서 여성 차별에 대한 진지한 반대 의식이 자연스레 몸에 밴 사람이 많을 수도 있다. 하지만 취직 후 끈끈한 남성 사회 안에서 오랜 세월을 보내도 그 시절의 의식을 유지할 수 있을지 묻는다면, 역시 먹을 가까이하면 검어지듯 아저씨를 가까이하면 아저씨가 되는 것이 자연의 섭리라도 되는가 보다. 아니면 환경에 적응하기 위해 색을 바꾸는 카멜레온처럼 빨강, 검정, 녹색 등으로 자진해서 색을 바꾸는 건가.

폐쇄적인 공간 속에서 '힘'을 갖게 되면, 전에는 보이던 부분도 보이지 않게 되고 느낄 수 있던 면도 느낄 수 없게 되며, 오래 지나지 않아 완전히 잊을 것이다. 이렇게 서서히 변해간다는 점은 부정할 수 없다. 정부 기관뿐 아니라 어디서든 오랫동안 근무하다 보면 이 직장만의 문화나 환경이 무언가 잘못되었다고 느끼는 일은 차츰 줄어들며, 부당한 압력이 있어도 금세 익숙해지는 법이다. 그러다 '정들면 고향'이 되는 것도 금방이다. '성희롱은 절대 용서하지 않는다'고 가슴에 새긴 신입사원이나 공무원이라 해도, 극렬한 계층사회를 오르다 보면 차별이나 특권의식 등의 부정적인 면에도 쉽게 순응하게 된다.

일본 사회는 정부든 민간이든 권력이 있는 간부급에 가까워질수록, 고위직일수록 유독 남성의 비율이 높다. 정부

기관은 이런 경향이 더욱 심하다. 내각의 거의 절반이 여성인 미국이나, 수상이 출산휴가를 받기도 하는 뉴질랜드 등 다른 여러 나라와 비교해보면 문제가 심각하다. 이렇게 꼬장꼬장한 남성 지배로부터 몸과 마음은커녕 머리털 하나 빠져나오지 못한 곳이 바로 정관계다.

낡고 권위적인 사고방식이 순도 높은 남성 사회 속에 고스란히 보존된 상황이다. 세간의 인식은 여기저기 바뀌고 있는데, 권력의 가장 핵심 부분은 권위에 둘러싸여 변하지 못하고 있으니, 말 그대로 진하고 강력한 '먹'이 아닐 수 없다. 그 옆에서 지내다 보면 금세 물들게 된다.

정관계라는 쥬라기 공원을 활보하는 공룡들은 더할 나위 없이 우수⁽?⁾한 반면교사다. 앞으로도 주의 깊게 지켜보면서, 혹시 나도 저렇게 되고 있는 건 아닌지 자신을 점검해야 한다.

아소 장관이 "일본에 성희롱죄는 없다"고 말해 물의를 일으키기도 했었지만, 프랑스에는 성희롱죄가 있다. 간단히 말하면 "지위 권력을 이용하여 성행위를 강요하는 일은 지위 및 권력 남용 유형의 하나로서 통상의 강간죄보다 죄가 무겁다"고 한다. 지위 및 권력을 이용한 성희롱에는 강한 위법성이 있다는 점과, 지위 및 권력이 동원되면 더욱 거절하기 힘들기 때문에 문제가 된다는 점을 깨닫기 시작했다는 증거다.

안타깝게도 일본에서는 2017년 형법개정에서도 이러한 고민이 전혀 반영되지 않았다. 그러나 장관들이 언제까지나 "성희롱죄는 없다"고 시치미를 떼며 버틸 수 있게 하고 싶지는 않다.

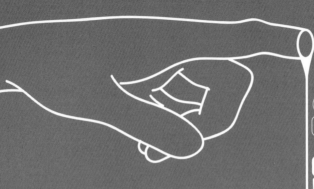

3장
상화동에서 살아남기

1. 소리 없는 사투

매일 직장에서 아무렇게나 날아오는 성희롱의 돌팔매질을 여성들은 어떻게 받아들이고 대처하고 있을까? 못 들은 척, 못 본 척하며 무시로 일관하고, 때로는 경직된 미소를 띠며 한 귀로 흘려버린다. 요령 있는 사람은 재치 있는 농담으로 받아치기도 한다. 이렇게 그들은 쓸데없이 직장에 풍파를 일으키지 않도록 각기 연마해 온 사교술을 구사해 헤쳐나가고 있다. 여기엔 직장의 분위기뿐 아니라 자신의 정신을 어지럽히고 싶지 않다는 생각도 있을 것이다.

이 장에서는 여성들의 호신술이라 할 수도 있을 눈물겨운 '성희롱 피하기'부터 여성 사원이 남성 사원과 어깨를 나란히 하고 업무를 한다는 것이 얼마나 어려운 일인지까지,

직장에서 벌어지는 소리 없는 사투의 이모저모를 알리고자 한다.

인사인 양 아무렇지도 않게 던지는 성희롱 발언의 면면을 살펴보자.

"신입사원 환영회에서 술에 취했는지 인사과 상사가 '자네들은 지금까지 몇 명이랑 해봤어? 끝에서부터 순서대로 말해봐'라고 하더군요. 취직하고 처음으로 겪은 성희롱이었어요." (의료계, 계약직, 20대)

"점심을 먹으며 면담하자더니 근처 식당에 들어가자마자 사생활을 캐묻다가, 마지막에는 '자네는 성욕이 얼마나 강한가? 5단계 중 어디쯤인지 말해봐'라고 했어요." (요식업, 아르바이트, 20대)

"가게 뒷마당에서 남성 점장과 단둘이 되자마자 갑자기 '폐경 왔나? 아직 임신할 수 있어?'라고 묻는 바람에 순간 얼

어붙는 듯했죠."(의류업, 파트타임, 40대)

"점장에게 몸이 안 좋아서 결근해야겠다고 연락하자 '가게 안 나오고 남자친구랑 하루 종일 하려고? 적당히 좀 해'라고 하더라고요. 본인 망발이나 작작 할 것이지."(식품업, 아르바이트, 20대)

"일터로 향하는 택시 안에서 '있잖아, 얼마 전에 입었던 흰색 블라우스 입고 와. 가슴골이 보여서 최고더라고'라며 윙크를 하는 것도 모자라 어깨까지 토닥였어요(우웩)."(복지업, 임시직, 30대)

"거래처와 한창 회의하던 중 '어제 자네랑 섹스하는 꿈을 꿨어'라더니 끝도 없이 망상을 늘어놨어요. 기분이 나쁜 정도를 넘어 무섭더라고요."(통신업, 파견직, 30대)

위 증언들을 통해 알 수 있듯이 성희롱은 평소 일하는 장소뿐 아니라 회식 장소, 회의를 겸한 식사 장소, 거래처 사무실, 이동 중의 택시, 출장지 등에서도 일어난다. 이는 모두 '업무의 연장'이기에 마찬가지로 '직장'으로 간주된다. 그리고 균등법에서 규정한 '노동자'는 정사원뿐 아니라 계약직, 파견직, 파트타임이나 아르바이트 직원 등 일터에서 일하는 사람을 모두 포함한다.

단둘이 하는 회식이니까, 출장을 마치고 돌아오는 기차 안이니까, 직원 워크숍에 왔으니까, 살짝 장난쳤을 뿐이니까 "성희롱이라고 보긴 어렵다"라는 말은 전혀 성립하지 않는다는 점을 남성만이 아니라 여성들도 꼭 기억해두었으면 한다.

지금까지 말한 대로, 가벼운 마음으로 던졌지만 불쾌하기 짝이 없는 성희롱 속에서 여성들은 표적(성적 접근의 대상)이 되지 않기 위해 온갖 작전을 쥐어짜내며 일신을 지키고 있다.

"회의를 마친 후 술자리가 이어지는 경우엔 머리를 단정히 묶은 뒤 단순한 바지와 굽 낮은 구두, 화장기 없는 얼굴 등 전혀 눈에 띄지 않는 차림으로 나섭니다." (컨설팅업, 40대)

여기부터 성희롱

"남편과 사이가 아주 좋고 다른 남자에겐 전혀 관심이 없다는 걸 강조해요."(식품업, 30대)

"회식 자리에서 돌아갈 때, 상사와 함께 택시를 타면 괜히 기사님께 말을 걸며 두 사람이 아닌 세 사람이 대화하려 해요. 정말 안 되겠으면 '토할 것 같아요, 기사님 창문 좀 열어주세요'라며 구역질로 겁을 주고요."(미디어업, 30대)

"택시로 바래다주실 때는 집에서 멀리 떨어진 큰길에서 내려요."(전기업, 40대)

"문자나 메신저에서는 철저하게 존댓말을 사용하여 용건만 말해요. 스티커, 이모티콘 등은 절대 사용하지 않습니다."(운수업, 30대)

"괜히 웃지 않아요. 농담을 하지도 않고요."(기계업, 20대)

"술을 따르거나 음식을 덜어주지 않고 술자리에서 그냥 눈

치 없는 여자가 됩니다." (공무원, 40대)

"사생활에 관해선 이야기하지 않아요. 제가 먼저 말을 걸
지도 않고요." (여행업, 50대)

이토록 조용하지만 필사적인 노력이라니. 실소가 나오면
서도 서글프다.

하지만 여성들이 성희롱 방지(어딘가 재난 방지와 비슷하다)를
위해 눈물겨운 노력을 하고 있다는 말을 들었을 때, "그래?
그렇게까지 노력하게 만들었을 줄이야…"라며 반성하는 남
성은 거의 없고 대부분이 "너무 예민하네", "남자들은 본인
한테 관심 없을 텐데?", "그렇게 피해의식이 심해서 어떡하
려고"라며 완전히 바보 취급을 하기 일쑤다.

하지만 남성들도 그런 일을 당하는 사람이 '만일 나였다
면' 하고 생각해보라.

당신이 출근 후 책상에 앉자마자, 부장이 "○○야 안녕,
오늘도 몸매 좋네", "피부에서 수상한 빛이 나는데, 욕구가
너무 쌓인 거 아냐? 충분히 하고 있어? 상대 필요하면 말

여기부터 성희롱

해"라며 히죽거리는 얼굴로 슬금슬금 접근한다고 해보자. 회의실에서 둘만 남았다 싶으면 "내일은 더 딱 붙는 바지를 입고 오라고"라며 허벅지를 더듬고 윙크한 뒤 퇴장하는 날은 또 어떤가. 이런 일을 당하면 불쾌하지 않겠는가? 지금 무슨 벌이라도 받는 건가? 하는 생각이 들지 않겠는가? 말도 안 된다고 생각할지도 모르지만, 좋아하지도 않는 상대에게서 성적 시선을 받거나 성적 언행을 당해야 하는 상황이 얼마나 싫을지 상상할 수 있을 것이다. 부장 본인은 허물없는 말투가 친근함의 표시이며 원활한 소통의 일환이라고 착각하는 듯하지만, 이런 소통을 강요하는 환경에서 일할 의욕이 나겠는가?

"너한테 관심 없다"며 여성들의 자기방어를 비웃기 전에, 여성의 입장에서 한번 상상해보라. 아주 조금이라도 '불쾌함'이 느껴졌다면, 한발 더 나아가 여성들은 그보다 백배 심한 '불쾌함'을 느낀다는 걸 알아야 한다. 설령 우습고 소용이 없을지 몰라도, 자기방어를 위해 '노력'하고 '고심'할 수밖에 없는 여성의 허망함을 조금은 알게 되지 않을까.

2. 서글픈 서바이벌

성희롱을 당하지 않고 성희롱의 표적이 되지 않도록 방어막을 치는 대처법이 수비형이라면, 여성들은 거기서 한 단계 더 높여 '받아치기'의 수단을 써야 할 때도 많다.

"상사가 '자네는 항상 바지만 입는군'이라고 말하기에 '네, 부장님도 항상 바지만 입으시잖아요. 스코틀랜드 남자들은 스커트가 정장이라던데 말이죠'라고 받아쳤더니 혀를 차시더라고요." (단체직원, 30대)

"의자에 앉는 순간, '네, 52킬로'라고 말하기에 '아뇨, 더 나가는데요'라며 담담히 받아치곤 하죠." (보험업, 40대)

"'딱 한 번이라도 좋으니 너랑 해보고 싶어'라는 말을 들을 때마다, '네, 300만 엔입니다'라며 손을 내미는 존스러운 개그로 받아치지만, 기분 좋을 리가 없죠." (출판계, 50대)

여성들은 즉흥적 재치를 몸에 익혀 자기 힘으로 방어(대항)의 수준을 한층 높여간다.

후쿠다 전 사무차관의 "가슴 만져도 돼?" 발언에 대해 통통한 체형의 한 여성 코미디언이 "나라면 '어디가 가슴일까요?'라고 받아칠 거야", "그때그때 반격하는 법을 익혀왔기 때문에 심각한 성희롱이라고 느끼진 않았어"라고 말했다는 이야기를 들었다. 코미디언이라 가능한 프로의 기술이 감탄스러운(?) 한편, 이 발언 역시 연예계라는 성희롱 사회에서 살아가는 여성의 슬픈 서바이벌 기술이라고 생각한다. 일하는 여성들에겐 분명 그런 식으로 요령 있게 받아치면서 어찌어찌 버텨야 하는 부분이 있으니 갑자기 비판할 수는 없지만, 그런 방식의 생존을 앞으로도 계속 이어나가야만 한다면 과연 괜찮은 일일까.

이제부터라도 그만하자고 말하고 싶다. 위트 넘치는 소통 능력이라기보다는 소용없고 슬픈 생존 기술인데다 불필요한 곳에 에너지를 써야 한다. 성희롱 피해자에게 멋지게 받아치며 대처하라고 요구하는 한, 성희롱은 해결되지 않는다.

계속해서 훌륭히 받아치는 태도를 바람직하다고 생각하다 보면, 남자들은 "그 여자는 재치 있게 받아치고 끝내던데"라며 다른 여성에게도 임기응변 능력을 요구하고, 결국 '남자가 성희롱하면 재밌게 받아치면서 능숙히 대응하는' 방식이 '성희롱의 상식'이 되어버릴 위험이 있다. 자기방어를 위해 어쩔 수 없이 활용했던 위트나 생존 기술이 오히려 역효과를 불러일으킬 가능성이 있는 것이다.

무례하게 쏟아지는 성희롱은 분명히 여성 사원의 업무 역량에 악영향을 미친다. 바로 옆에 있는 가해자에게 불신이나 혐오감을 품은 채 일하게 되기 때문이다. 더구나 상대가 상사이기라도 하면 제대로 거부하지 못하고 미소와 재치 있는 반격을 섞어가며 방어 모드가 되어 엄청난 스트레스를 안고 업무를 해내야 하는 상황에 내몰린다. 이는 정신건강 문제는 물론 업무 효율이나 생산성의 측면에서도 상당한 손실을 가져온다. 옳지 않을 뿐 아니라 합리적이지도 않다.

각자가 개인적으로 이렇게 저렇게 대처하는 것이 아니라, 성희롱은 옳지 않고 합리적이지도 않은 나쁜 일이라는 공동인식을 가진 사회를 만들어야만 한다. 거창하게 들릴 수도 있겠지만, 요약하면 '다른 사람이 싫어하는 일은 하지 않고, 시키지 않는다. 그런 일을 하는 사람은 그냥 두지 않는다'이다. 즉 '모두 규칙을 지키자'라는, 어린아이도 웃을 정도로 당연한 이야기다.

물론 앞에서 설명했듯, 여성에겐 풍파를 일으키고 싶지 않다는 생각만이 아니라 불쾌한 성적 접근을 받고 있다는 사실을 부인하려는 마음도 있다. 그래서 성희롱을 당한 순간에 부끄러워하고, 분노하고, 울고, 불쾌한 표정을 짓는 등의 반응을 보이면 상대가 원하는 대로 해주는 것일 뿐이기에, 조용히 넘어가는 것이 상책이며 최고의 자기방어라고 생각하는 것도 무리는 아니다.

이렇게 여성은 불쾌한 말을 듣고도 '못 알아들은 척하기', '무시하기', '가볍게 받아넘기기', '유머로 받아치기'로 살아남으며 순간순간을 넘긴다. 하지만 속으론 당연히 상처를 입는다. 그러다 어떤 기회나 계기가 있으면, 표면장력의 한계까지 가득 차 있다가 한 방울만 더해져도 넘쳐버리는 물처럼 성희롱으로 불만을 제기하거나 때로는 고소하게 되는

당신은 성희롱을 당한 적이 있습니까?

	있다	없다	모르겠다
전체	23.8%	69.8%	6.5%
여성	39.0%	53.8%	7.8%
남성	8.5%	86.3%	5.3%

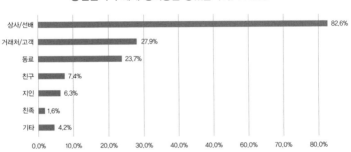

당신은 누구에게 성희롱을 당했습니까(복수응답)

상사/선배	82.6%
거래처/고객	27.9%
동료	23.7%
친구	7.4%
지인	6.3%
친족	1.6%
기타	4.2%

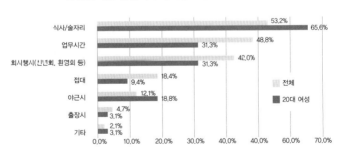

당신은 어떤 상황에서 성희롱을 당했습니까(복수응답)

	전체	20대 여성
식사/술자리	53.2%	65.6%
업무시간	48.8%	31.3%
회식행사(신년회, 환영회 등)	42.0%	31.3%
접대	18.4%	9.4%
야근시	12.1%	18.8%
출장시	4.7%	3.1%
기타	2.1%	3.1%

조사명: 성희롱 의식조사
조사대상: 전국의 20~50대 직장인 남녀 800명
조사기간: 2017년 11월 18~24일

것이다. 이런 심정을 헤아리면 '당시에는 싫어하는 기색도 없다가 나중에 신고하다니 비겁하다'는 생각이 왜 부당한지 이해할 수 있을 것이다.

3. 최초의 성희롱 재판 – 후쿠오카 사건

1989년 8월 '후쿠오카 성희롱 사건'은 일본 최초의 성희롱 재판으로, 여성의 근무환경을 크게 바꾸는 계기가 되었다. 과거 무수한 여성이 눈을 감고 입을 다물어 왔던 문제에 메스를 가한 셈이 되어, 성희롱이 여성의 인권 및 노동권 문제임을 인정받은 재판이기도 하다.

어떤 성희롱이 저질러지고 재판은 어떻게 진행되었는지 간단히 살펴보자.

이 사건은 후쿠오카 시내의 출판사에서 일하는 여성 사원이 상사인 남성 편집장과 회사를 상대로 손해배상을 청구한 사건이다. 매우 유능한 편집자였던 이 여성을 적대하던 상사는 "문란하다", "밤일 쪽에 소질이 있다", "생활이 난잡해서 난소 종양이 생겼다" 등 남녀 관계가 복잡하다는 식의 험담이나 비방을 일삼았다. 여성이 괴로움을 호소하자, 더 높은 상사가 직장의 화합을 저해한다며 도리어 퇴직을 강요했다. 여성은 사직할 수밖에 없었지만, 피해를 본 자신이 그만둬야 하는 이유를 납득하지 못하고 이것이 성희롱이자 부당한 성차별이라며 상사인 남성 편집장과 회사를 고소한 것이다. 재판 결과는 원고 여성의 전면 승소였다(1992년 4월 16일). 이 재판을 계기로 '성희롱'이라는 단어가 단번에 사람들에게 널리 알려졌다. 일본에서 성희롱에 대한 논의가 크게 진전하여 본격적으로 움직이기 시작한 계기가 된 재판이었다.

나는 피해자 지원 조직의 대표로서 사건에 참여했다.

결과적으로는 새로운 사회 문제, 여성 문제로서 적극적으로 받아들여졌지만, 소송 전에는 과연 어떤 취급을 받게 될지 걱정이 컸다. 여성 문제 전문가조차 "계속 일하려는 여성이 그 정도 일을 요령껏 대처하지 못하면 일할 자격이 없다"고 발언할 정도였다. 피해자가 맨 처음 찾아간 변호사도 "그 정도 일로는 절대 재판이 성립하지 않습니다"라며

여기부터 성희롱

문전 박대해 앞길이 막막한 상황이었다.

당시에는 원고 측의 이름도 공개하지 않았는데, 소송을 시작하고 나서 어떤 일을 당할지 알 수 없으며, 격렬한 비난과 모함에 시달릴 수도 있다는 우려 때문이었다. 당시 국립대학의 전임 강사였던 내가 대표로 앞에 나서는 역할을 맡게 된 것도 재판 관계자 및 지원 조직이 아무리 비난을 받아도 국립인 이 대학에서 나를 해고하지는 못한다는 이유 때문이었다.

일본 최초의 성희롱 재판이 사법계 및 사회 전체에 어떻게 받아들여질지 전혀 예측할 수 없는 출발이었다. 그러나 결국 예상과 달리 전향적으로 받아들여지는 동시에 '성희롱'이라는 입에 착 붙는 단어와 함께 사회 문제로까지 인식되기에 이르렀다.

그때까지 여성의 노동 문제란 '임금 차별', '채용 및 승진에 대한 차별', '여성만 더 빠른 정년' 등이 중심이었으며, 좀처럼 고쳐지지 않았다고 해도 그것이 '여성 차별' 문제라는 점은 어느 정도 상식으로 인정받고 있었다.

일각에서는 섹슈얼리티에 대해서도 70년대 제2물결 페

미니즘 운동의 영향으로 '성도 인권 문제'라는 문제의식이 등장하면서 성적 피해에 'NO'라고 말하자는 움직임이 일었다. 하지만 성적인 피해는 어디까지나 개인적 일로 여성이 의연히 대처하면 된다는 생각이 일반적이었다.

성희롱은 여성의 성적 인권 및 노동권의 문제라는 두 가지 '문제'가 합쳐져 공적인 장소, 즉 직장, 교육의 장 등에서 일어난다. 노동 조건을 포함한 다양한 여성 차별이 머리로는 알고 있어도 좀처럼 실현되지 않았던 이유가, 직장에서 여성 직원을 그저 가볍게 '여자'로만 대하는 케케묵은 남녀관이 깔려 있었기 때문이라는 점이 '성희롱'을 문제 삼는 과정에서 드러나기 시작했다. 이 재판은 언론의 상당한 주목을 받아 신문에도 "지금까지 묻혀 있던, 일하는 여성에 관한 사회 문제"로 다뤄졌다. 그런 의미에서는 많은 사람이 손꼽아 기다려온 문제 제기이자 변화였다고 생각한다.

후쿠오카 사건도 그랬듯, 마음에 들지 않는 여성을 집단에서 배제하고 싶을 때 성적인 문제를 떠벌이며 상대의 평판을 깎아내리려는 행위는 흔하디흔한 성희롱 수법이다.

"지가 아무리 일을 잘한들 몸으로 꼬셔서 따낸 거겠지."

"잠자리 영업을 이길 재간이 있나."

이런 모함과 비난은 남성의 질투에서 비롯한 말할 수 없이 비열한 성희롱 행위 중 하나로, 후쿠오카 사건의 판결에서도 알 수 있듯 쉽게 넘어갈 수 있는 일이 아니다. 고소당한 편집장과 회사는 피해자에게 배상금 165만 엔을 지급하라는 명령이 내려졌다는 점을 명심하자.

4. 모난 여자가 정 맞는다

다른 사례도 있다.

함께 일하던 동기 중 B씨라는 영업직 여성이 가장 먼저 부장으로 승진했다. 그러자 주변에서 다음과 같은 말이 나돌기 시작했다.

"상무가 예뻐하잖아. 둘이 벌써 잤다는 소문도 들었는걸."

"전무 쪽에 엄청 끼를 부리고 다녔더니 끼워준 거래."

"역시 잠자리 영업부 부장이구나. 미인은 출세도 쉽다니까."

출세한 여성에게 던져지는 말에는 어쩐지 성적 모함이 담긴 신랄한 비난이 많다.

남성이든 여성이든, 동기나 후배가 좋은 자리에 발탁되거나 승진하면 괜한 심술이 날 수도 있다. 그런데 그 사람이 여성이면 유독 기분이 나빠져서는 질투나 선망, 남자의 자존심과 체면이 뒤범벅되어 갖은 험담을 퍼붓는다. 냉정히 생각해보면 일을 잘하기 때문에 발탁된 것이고, 일을 잘하기 때문에 상사의 신임을 얻은 건데도 이 사실엔 전혀 아랑곳하지 않는다.

'여자니까', '여자 주제에'라고 업신여기는 만큼 자신이 믿고 싶은 대로 생각하며 기분을 추스르기 위해 다음과 같이 성희롱 발언을 이어간다.

"일은 잘하는지 몰라도 여자로서의 인생은 비참해."

"일은 잘하는지 몰라도 저러면 시집 못 가지."

일하는 비혼 여성들이 예외 없이 당하는 전형적 성희롱이다(기혼 여성의 경우엔 "저렇게 일만 하니 애들이 불쌍하다", "남편이 설 자리가 없다" 등으로 바뀐다).

여성이 업무 능력을 인정받아도 '여성으로서의 인생은 실패다, 불행할 것이다'라고 믿기로 하면서 쓰린 속을 달래는 것, 이것이야말로 패자의 정신승리 아니겠는가.

더구나 성적인 측면뿐 아니라, "정산이 너무 깐깐하다, 융통성도 전혀 없고 인색하다" 등의 말을 하는 것도 '역시 여자는 쓸모가 없어'라는 경멸의 일환이다. 남성중에서도 인색하고 융통성 없는 사람은 얼마든지 있는데 '여자니까'라며 뭉개는 것은 너무나 엉성하고 형편없는 사고방식이다. 그럴 때는 "○○ 씨는 인색해", "○○ 씨는 정산이 너무 깐깐해"처럼 개인을 대상으로 험담하는 게 맞다(?)고 생각한다.

또한 칭찬하는 척하면서 깎아내리는 패턴도 있다.

"네 앞에서 이런 말하기 뭣하지만, Y씨는 혼자서는 아무것도 결정 못 해. 저러면 부하직원들이 고생이거든. 역시 여자는 관리직에 안 맞아. 물론 넌 안 그렇지만."

남성 상사의 이런 발언은 '너는 다르다'고 하면서 해당 여성만은 칭찬하고 인정할 것이라는 커다란 속임수다. '여자지만 너는 달라'는 결코 칭찬이 아니다. 애초에 여성은 열

등해 일을 잘할 수 없다는 생각을 기저에 깔아둔 채 아무렇게나 둘러댄 말에 불과하다.

이 경우도 마찬가지로 여자이기 때문에 관리직에 맞지 않는 것이 아니라, Y씨의 경우 맞지 않을 따름이다(이것도 어디까지나 그 남성 상사의 판단일 뿐이지만). 여성들이 이런 '칭찬'을 듣고 기뻐할 거로 생각한다면 그야말로 놀랄 일이다.

'여자니까', '여자 주제에'라는 차별 의식은 출세와 관련되는 순간 재미있을 만큼 적나라하게 드러난다.

> "본사에서 부임한 **빠릿빠릿한** 여성 상사가 (야근하는 사원들을 격려할 생각으로) 남성 부하직원에게 편의점에서 도시락을 사 오라고 했더니, 늘 온화하고 여성 친화적이던 과장이 갑자기 '그런 일은 남자한테 시키지 말고 여직원을 보내라'며 거칠게 항의해서 다들 깜짝 놀랐어요. 과장의 본성이 슬쩍 드러났다는 느낌이었죠." (식품업, 20대)

여성 문제를 잘 알고 늘 여성의 편임을 자임하는 남성조차 '출세한 여자'가 등장했을 때 봉인했던 속내가 속절없이 드러나는 장면을 몇 번이나 보고 들었다. 정치가나 기업 관리직에서 여성이 압도적으로 적은 일본 사회의 현 상황을 찬찬히 살펴보면, '역시 이래서 그런 거였군'하고 생각하지 않을 수 없다.

5. 못생긴 주제에

"미인이다" 등 칭찬하려는 의도의 성희롱에 대해서는 앞에서 설명했지만, 이성의 외모에 대해 모욕적 발언을 반복하는 일은 훨씬 더 악질적인 성희롱이다.

남녀노소를 불문하고 '사람은 인상이 중요하다'며 일단 겉모습으로 판단(혹은 평가)하는 의식이나 감각이 뿌리 깊게 자리 잡았고, 특히 여성을 나이, 외모, 성적 가치로 판단하는 태도를 감추기는커녕 당당하게 내놓는 남성이 많다는 점은 굉장히 놀랍다. 외모로 인간적인 가치를 평가하는 구시대적 습성은 직장에서도 거침없이 발휘된다. "못생긴 여자는 조용히 좀 해", "할매는 회식 오지 말아야지", "너 그

얼굴로 용케 여기까지 올라왔구나", "못생겼지, 늙었지, 뭐 하나 회사에 공헌하는 게 없잖아"라며 중2병인가 싶을 정도로 사회성이 결여된 정신 상태를 드러내는 사람조차 있다.

하지만 못생겼다, 늙었다는 말을 듣는 여성은 성희롱이라고 목소리 내기가 매우 어려운 법이다. 자신이 그런 취급을 받고 있다는 사실을 인정하고 싶지 않을 뿐 아니라, 누구든 처음에는 웃으며 받아줄 수밖에 없다. 거기서 화를 내며 언성을 높이면 자신이 입은 피해를 오히려 강조하는 꼴이 되어 자기만 더 상처 입을 뿐이니, 슬쩍 웃어넘기는 게 최선의 응급조치라고 생각하는 것도 무리는 아니다.

일단 남성들은 "대머리는 조용히 해", "못생긴 남자 주제에", "할배는 회식 오지 말아야지"라는 말을 들으면 어떤 기분일지 생각해보길 바란다.

그리고 최근 자주 듣는 말로 '한물가다'가 있다.

"출산 휴가 마치고 직장에 복귀한 날, 직속 상사가 '육아가 힘들다곤 하지만 완전히 한물갔네'라고 말하더라고요. '네

가 한 번 낳아봐'라는 말이 목구멍까지 올라왔어요." (금융업, 30대)

"사원 여행 사진을 보면서 '○○ 씨도 예전엔 예뻤는데. 여자는 금방 물이 간다니까'라고 말하는 남자도 있어요." (식품업, 50대)

나이 들면 누구나 외모가 변하는 법이다. 그러나 남성의 외모 변화에 대해 '한물가다'는 말은 별로 쓰지 않는 듯하다. 나이를 먹을수록 '물이 간'다면 모두가 죽은 생선처럼 매일 '물이 가는' 중이라는 뜻이다. 하지만 사람은 매일, 매해 경험을 쌓으며 변해가는 존재다. 그런 변화는 생선과 달리 사고의 범위나 인간성의 성장이기도 하다.

그런데도 여성에게만은 "한물갔다"라고 말하고 싶어 한다면, 인간으로 보고 있지 않다는 뜻이 아닐까. 아무 거리낌 없이 외모에 대해 말해도 된다는 미숙한 사회성을 직장에서 거침없이 드러내는 태도는 반드시 고쳐야 한다.

가볍게 외모를 놀리는 버릇이 '친근함의 표현'이고 그만큼 신뢰하는 관계이며, 우리끼리 하는 얘기니까 이렇게 농담을 주고받을 수 있다고 안이하게 착각하는 사람들은 관계의 거리를 완전히 잘못 계산하고 있을 뿐이다. 직장은 일하는 곳이지 집 안방도 선술집도 아니며, 여성의 용모를 평가하는 장소는 더더욱 아니다. 이렇게 기초적인 사실까지 알려줘야 한다니 머리가 아프지만, 이미 익숙해져 있는 사고방식을 리셋하려는 시도도 필요하지 않겠는가.

6. 별일 아니야 나도 참았어

인기 아이돌 그룹의 멤버가 자신의 고급 아파트로 여자 고등학생을 불러 억지로 입을 맞추는 등의 행위를 하여 강제 추행 혐의로 불구속 입건되는 사건이 있었다. 이 사건에 대해서도 일부에서 '꽃뱀'이라는 주장이 나와 "그렇게 쉽게 집까지 따라간 여자가 잘못", "집에 같이 갔다는 건 그래도 된다는 말이잖아"라며 피해자를 공격하는 말이 SNS 등에 올라오는 한편, 피해 여성을 찾아내려는 네티즌

여기부터 성희롱

까지 있었다.

이렇게 여성은 스스로 자신의 몸을 지켜야 하며 그렇지 못하면 '네 잘못이다'라는 매서운 추궁을 받는다. 이렇게 피해자에게 무슨 일을 당했어도 어쩔 수 없다, 동정받을 자격이 없다고 말하는 풍조는 불행히도 젊은 세대는 물론 여성들에게까지 퍼져 있다.

여성들은 어릴 때부터 '남자는 늑대', '자기 몸은 자기가 지켜야지'라는 등 자신이 책임져야 한다는 부담을 강요받아 왔기 때문에, 이런 사건이 일어났을 때 "저것 봐 내가 뭐랬어" 하며 자신을 지키지 못한 여성을 탓하는 반응도 이해 못 할 일만은 아니다. 특히 성실하고 착한 사람, 상식 및 법도를 엄격히 지켜 온 사람일수록 죄는 성희롱을 저지른 남성이 아니라 여성으로서 반드시 지녀야 할 '상식'이나 '법도'를 어긴 쪽에 있다고 생각하기 쉽다.

그러나 아이돌 출신 남성이 불러낸 고등학생은 그가 진행하는 방송 프로그램에 출연하고 있었기에, 말하자면 상사와 부하직원의 관계이기도 했다. 업무로 관계 맺은 사람의 부름, 즉 거절하기 힘든 상황에서 벌어진 일이기 때문에 이는 분명히 업무 관련 성희롱 사건에 해당한다. (혹시 몰라 덧붙이지만, 만일 업무와 관계없이 유명 연예인에 대한 호기심으로 집에 갔더라도 동의 없는 성적 행위는 범죄다.)

이렇게 일본에서는 문제를 제기한 피해자가 오히려 공격당하는 경향이 있어서, 인터넷은 물론 텔레비전의 예능 방송 등에서까지 거론되다 급기야 피해자의 가족이나 자택 등 사생활이 노출되는 일도 적지 않다. 성희롱을 당한 것도 모자라 모욕과 모함을 당하고 재미를 위한 볼거리의 대상이 된다. 이러니 피해자가 문제를 제기하기는 좀처럼 힘들수밖에 없다. 몸가짐이 허술하고 부주의하다며 공격당하는 것뿐만 아니라, "네가 먼저 꼬신 거 아니냐"며 수도 없이 꽃뱀 취급을 당하고 "잘 보여서 일 많이 땄으면 된 거 아냐"라는 말까지 듣기도 한다. '치정이 얽힌', '여자가 꼬셨다', '남자가 당했다'는 말은 흥미를 자극할 이런저런 과장이 덧붙어 선정적으로 주변에 확산하기 마련이다. 피해를 호소하는 여성에게 그것은 '2차 가해'로, 그런 루머를 퍼뜨리는 데 동참한 사람은 이차적 성희롱의 가해자가 된다는 사실을 자각해야 한다.

여기부터 성희롱

특히 직장과 관련된 사건일 때 이런 루머는 조직의 판단 및 조치의 정당성을 의심하게 만들 수도 있기 때문에, 책임자 위치의 남성은 특히 주의해야 한다.

그리고 과거에 마찬가지의 성희롱 고통을 견뎌왔던 여성 선배나 상사들의 심정이 의외로 복잡해 그로 인한 괴로움을 겪기도 한다. "우리도 모두 참아왔어. 그러니 당신도 이 정도는 알아서 잘 넘겨야지", "당신이 괜히 시끄럽게 들쑤시고 다니면, 일하는 다른 여자들의 발목을 잡게 된다고" 등 우리가 했던 그대로 똑같이 참으라는 듯 인내를 강요하는 경우가 있기 때문이다. "그 정도는 별것도 아니야. 난 그런 일 괜찮아"라는 동성의 발언에 입을 다문 여성도 많다.

침묵을 깨고 성폭력이나 성희롱을 고발하는 미투(#MeToo) 운동은 미국에서 시작됐다. 유명 여성 배우가 할리우드의 거물 프로듀서를 고발한 것이 화제가 되면서 서양과 한국에서는 일반 여성들 사이에서도 눈 깜짝할 사이에 확산했다.

하지만 일본에서는 미투 운동이 여전히 저조한 편이다. 단적으로 말해 성폭력이나 성희롱은 허용하지 않는

다는 사회 규범이 자리 잡지 못한 것이 그 이유다. 실명으로 피해를 고발한 언론인 이토 시오리 씨나 블로거 하추^{はあちゅう} 씨 등은 혹독한 공격을 받았다. 이렇게 2차 가해가 버젓이 행해지는 사회에서는 좀처럼 비판의 목소리를 높이기 어렵다.

배우 카트린 드뇌브^{Catherine Deneuve} 외 100인의 여성이 프랑스 르몽드지에 "끈질긴 데이트 신청이나 서툰 구애를 성범죄 취급하는 일은 옳지 않다"는 공개서한을 발표한 사건처럼 여성의 의식에도 여전히 괴리가 있으며 결코 일치단결된 상태가 아니다. 게다가 남성뿐만 아니라 여성들이 "여자는 주제넘게 나서지 마", "남자가 위"라며 여성을 얕잡아보는 경우도 많다. 여자는 정숙하고 꿋꿋하게 남자를 뒷바라지하면서도 손바닥 위에서 능숙히 다룰 줄 알아야 한다는 '여자의 마음가짐'이 여전히 의식의 심층에 면면히 이어지고 있기 때문에 여성들에게 생존 기술만을 강요하는 측면도 있다. 21세기에는 이런 생존 기술이 필요 없는 세상을 만들고 싶다.

여기부터 성희롱

7. '술 따르기'의 내면화

대규모 회식에서 누가 시키지 않아도 알아서 신속하게 움직여 술을 따르고, 튀김에 레몬즙을 뿌리며, 음식을 나누어 담고, 찌개를 올려둔 불을 조절한다. '센스 있는' 배려가 여성의 역할이라고 따로 의식하기도 전에 이미 이런 몸가짐이 완전히 내면화된 것일지도 모른다. '술 따르기' 사례가 성희롱인가 아닌가의 경계선으로 곧잘 거론되지만, 술을 따르고 싶은 사람이 있다면 얼마든지 할 수 있다. 하지만 흔히 요구되는 여자다움을 반사적으로 실천했거나 그게 당연히 여성의 역할이니까… 라고 생각했기 때문이라면, 어쩐지 가슴께가 막힌 듯한 답답함을 느끼게 된다.

술을 따르고 싶은 사람이 있는 한편, 하고 싶지 않은데 억지로 술을 따라야 하는 사람도 있다. 술은 여자가 따라줘야 한다는 의식이 있다면, 역시 거기엔 공정이나 평등에 관한 의식은 없는 것 아니겠는가. 찌개 끓이기 따위에서는 남녀의 역할보다 '맛있게 만들어보고 싶다!'는 요리에 대한 관심이 훨씬 더 중요하다. 실제로 회식에서 찌개는 주로 남성이 담당하곤 하니, 그것이 남녀의 속성과는 별 관계가 없다는 한 가지 증거이기도 하다.

'센스 있는 여자'가 아니라 '센스 있는 사람'이 되려고 하는 것으로 충분하고, 혹여 부족하더라도 '눈치 없는 여자'가 아니라 '눈치 없는 사람'이라 생각하는 것으로 충분하다.

이럴 때야말로 부하직원의 노고를 위로하는 뜻을 담아 상사가 먼저 음식을 배분하는 등 이것저것 챙겨주면 좋을 텐데 하는 생각도 든다. 남성들은 명예를 회복하고 오명을 씻으며 인심을 얻고 호감도를 올릴 절호의 기회를 놓치지 않길 바란다.

술 따르기나 찌개 끓이기에서 시작해 직장과 가정, 육아, 등 모든 분야에서 남녀 성별과 관계없이 적절하게 역할을 분담하면 성희롱도 현격히 줄어든다. 당연히 여자가 해야 할 일이라고 여겨지는 일이 정말 당연한 걸까? 결코 당연하지 않다는 점을 남성뿐 아니라 여성도 생각해보길 권한다.

그리고 다양한 연유로 목소리를 낼 수 없는 여성들에겐 자책하지 말고 자신을 소중히 여기는 마음을 잊지 말라고 부탁하고 싶다. 여성이 좀 더 자유롭게 행동하고 좀 더 이기적으로 굴어도 된다는 마음으로 응원하고 있다.

4장

연애와 불륜과 성희롱

1. 우리 사귀는 거 아니었어?

이 장에서는 연애와 관련된 성희롱에 대해 살펴보고자 한다.

싱글이든 기혼이든 직장의 부하직원이나 거래처 여성, 그리고 대학에서 자신이 가르치는 여학생과 연애하는 남자는 부지기수다. 물론 연애는 자유다. 다만 무수한 성희롱을 봐온 사람으로서 한마디 하자면, 현재 같은 직장의 부하직원인 여성과 '어른들의 관계'를 맺고 있다면, 그 연애는 상당히 위험하다. 당신이 간부급이라면 더더욱 그렇다. 그 관계는 나중에 성희롱 사건으로 문제가 될 가능성이 있다.

성적 관계가 포함된 성희롱 사건을 자세히 살펴보면, 고소당한 남성 쪽은 "상대 여성도 좋아했다", "합의하에 이뤄진 관계였다"며 연애 관계였음을 주장하는 경우가 적지 않다. 남성 입장에서 보면 '연애(불륜 포함)라고 생각하고 있었는데 성희롱으로 고소'를 당했으니, 이게 대체 어떻게 된 일이야? 도대체 왜? 라고 생각할 것이다.

왜 이런 엇갈림이 발생할까? 불륜뿐만 아니라 직장에서 생긴 연애 관련 성희롱은 케이스에 따라 제각각이지만, 크게 두 종류로 볼 수 있다.

하나는 '망상계'로, 여성은 연애는커녕 친하게 지낼 생각도 없는데 상대와 사귀고 있다고 멋대로 믿어버리는 유형이다. 다른 하나는 여성 쪽도 일시적으로는 친밀한 사이였고 모종의 연애 감정도 느낄 수 있는 유형인 '리얼계'다.

망상계의 전형적 패턴은 남성 측이 "합의하에 이뤄진 교제였다", "상대도 사귈 마음이 있었다", "상대도 즐기고 있었다"라고 주장하는 반면, 여성 측은 "상사이니 상냥하게 대하고 있었지만, 특별한 관계가 되려는 생각은 해본 적도 없다", "연애 상대로 보고 있다는 생각은 꿈에도 없었기 때문에 충격이었다"라고 토로하는 식이다. 즉 여성 쪽에서 보면 상대 남성이 억지로 밀어붙이니 끝까지 거절하지 못하고 교제 및 성적 관계를 강요당한 일이 된다.

여성 측의 주장에 남성은 "얼마나 분위기가 좋았는지 아냐", "그쪽도 적극적이었다"라며 반론한다. 그러나 지금까지 접해온 상담 및 조사, 재판 등 많은 사례에서 남성들의 생각은 현실과 크게 동떨어져 있는 경우가 부지기수였고, 그때마다 어떻게 이렇게까지 자신에게 유리하게 망상을 할 수 있을까 하며 고개를 저을 수밖에 없었다.

지금까지 받았던 상담 중에 이런 망상계 남성의 이야기가 있다.

"사원 여행에서 같이 술을 마시자고 불러내자 브래지어도 하지 않고 유카타 차림으로 왔길래, 저쪽에서 먼저 접근한 거로 생각해 술을 마신 후에 키스했다. 그걸 성희롱이라니 절대 납득할 수 없다."

온천이 있는 료칸에 숙박했으니, 그 여성뿐 아니라 대부분의 사람이 여행의 정취를 즐기려 그곳의 유카타를 입었을 터다. 술자리도 단둘이 아니라 같은 직장에서 일하는 동료끼리 남자 둘 여자 둘이 모이는 자리였다. 여행을 온 김에 위계 없이 편하게 마시자는 뜻도 있었을 것이다. 그걸 어떻게 자신에게 보여주기 위해 유카타를 입고 왔다고 생각할 수가 있는지.

이런 사례도 있다.

"집에서 술자리를 가졌는데 같은 부서의 여성도 함께했다. 그가 '막차를 놓쳤는데 자고 가도 될까요'라고 하기에 육체 관계부터 시작하는 건 좀 그렇다고 생각했지만, 마음을 받아주기로 하고 교제를 시작했다. 그런데 같이 집에 가려고 역에서 기다리고 있었더니 '남자친구 행세하지 마세요'라고 하더라."

여성의 이야기를 들어보니, 회사 동료 여럿이 모인 술자리에서 "다들 집에 어떻게 갈래?", "막차는 몇 시야?"라며 서로 물어보는 와중에 남자 몇 명이 막차를 놓쳤으니 자고 가겠다고 할 때 본인도 그러겠다고 한 것뿐이다. 심지어 그 여성은 결국 여자 동료들과 함께 10시에 일어났다. "마음을 받아주기로 하고 교제…"라니. 유카타나 "자고 가겠다"는 말만 잘라서 생각하면 성적인 뉘앙스가 있을 수도 있지만, 어디까지나 일반적인 이미지에 불과하다. 맥락을 보지 않고 상대의 마음을 이해하려고도 하지 않고 자신을 향한 성적 접근이라고 생각해버리는 습성은 역시 망상이라고밖에 말할 수 없다.

2. 아저씨의 망상과 폭주

남성 측의 '망상'이나 '착각'은 인생 경험이 풍부한 중년과 노년층에게도 많이 일어난다. 가정에서는 늘 존재감도 없고 부인이나 딸로부터 대개 소외되는 남편이나 아빠였는데, 부하직원인 여성에게는 유능한 상사, 믿음직스러운 남성, 존경하는 선생이니 기쁘지 않을 리가 없다. 게다가 그렇게 자신을 우러러보는 사람이 젊고 예쁜 여성이라면 기쁨이 더욱 크다. 직장에서 여성들의 이런 태도를 접하다 '혹시 날 좋아하나?'라는 착각을 하기 시작했다면 망상의 경계를 넘기 직전까지 온것이다.

아침부터 기침에 시달리는 W부장. "감기 걸렸나…. 이제 가족이고 뭐고 아무도 걱정해주지 않는단 말이지"라며 계속 투덜거리고 있었다. 부장 근처에서 일하는 여성 사원은 감기에 옮으면 안 된다는 생각에 "쾌차하시길 빌어요. 너무 무리하지 마세요"라는 메모와 함께 감기약과 마스크를 W부장의 책상에 올려두었다. 이걸 본 부장은 '내 건강을 이렇게 걱정해주다니…. 역시 날 좋아하는군' 하면서 한껏 마음이 들떴다. 상사나 중요한 거래처 상대라서 배려했을 뿐인데 그 여성이 자신에게 개인적으로 특별한 호의를 보냈다고 멋대로 믿어버리는 남성은 꼭 중·노년층이 아니라도 너무나 많다.

여성들은 상사나 거래처 남성에게 '감정노동'을 한다. 함께 식사할 때면 싹싹한 태도로 상대를 추켜올리면서 좋은 분위기를 만들어 즐거운 시간을 보낼 수 있도록, 있는 힘껏 영업용 미소를 보이며 '접대'에 최선을 다한다. 어디까지나 '업무용'인 그 미소나 감정노동을 남성들은 '나를 좋아한다', '여자 쪽에서 먼저 접근했다'라며 자기 편할 대로 착각하기 일쑤다.

　여성의 마음이나 사건 경위가 실제로 어땠는가와 상관없이, 성적인 접근을 동반한 성희롱을 주변에서는 그저 '연애 관계', '특별한 관계'로 보는 경우가 많다. 그동안 업무나 연구 등으로 가깝게 지낸 관계다 보니, 설령 남성의 접근이 싫었더라도 여성은 "하지 마, 징그러워! 데이트 신청하지 마"라는 등 공격적으로 거절하는 말을 내던지기 어렵기 때문이다. 상대가 상사가 아니라 동료나 후배였다 해도, 직장에서 "너 싫어. 전혀 내 스타일이 아니야"라고 직설적이고 쌀쌀맞은 반응을 보이는 여성은 '무례하고 개념이 없는' 성격으로, '지가 아주 대단한 줄 아는' 오만한 인간이라는 낙인이 찍힌다.

　따라서 대부분의 여성은 남성이 접근하면 적당히 분위기를 맞춰주려고 한다. 더구나 존경하고 의지하는 사람의 접근이라면 더욱 반갑게 퇴근 후 식사나 술자리를 함께할 수 있고, 영화나 스포츠 경기 관람을 같이할지도 모른다.

　그러다 상대가 이른바 성인 관계를 요구하고 있다는 사실을 알면 여성은 당혹스러울 뿐이기에, 아무리 혼자서 '연애' 모드에 빠졌더라도 남성이 거기서 멈추지 않으면 '성희롱' 영역에 돌입하게 된다. 남성의 거듭되는 요구가 심상치 않다고 느낀 여성이 "오늘은 선약이 있어요", "몸이 안좋아요"라며 간접적으로 돌려서 거절할 때 '나를 좋아하는게 아니었구나'라고 깨닫고 접근을 중단하면 나중에 성희롱으로 신고당할 일도 없을 것이다. 그러나 예의 바르고 배려 깊은 태도로 거절의 의사를 전하는 여성에게 '그렇게 튕기지 않아도 되는데'라는 독단적인 믿음을 더더욱 키우면서 "다음 주에 경쟁 프레젠테이션 준비도 할 겸 같이 식사할 거니까 빠지면 안 돼"라고 업무까지 엮어 여성이 거절하기 힘든 상황을 만든다면, 남성의 입장에서는 좋아하는 사람과의 데이트일지 몰라도 여성에게는 성희롱일 뿐이다.

3. 진심으로 사랑하니까 절대 성희롱이 아니다?

이렇게 착각에서 돌이킬 수 없이 '연애' 모드로 들어가 버린 남성에게 여성은 그럴 생각이 전혀 아니었다고 설명한다.

"상사로서 존경하지만, 연애 감정은 없습니다."

"결혼도 하셨잖아요? 사귈 생각 없습니다."

"지금 사귀고 있는 사람이 있습니다."

이렇게 여성이 최대한 실례가 되지 않는 방향으로 정중하게 자신의 의사를 전달해도 남성들은 상대의 말을 받아들이기는커녕 자기 좋을 대로 '나를 존경한다고 했잖아', '독신이면 사귀고 싶다는 뜻인가?'라고 생각하며 "나는 진심이야", "진심으로 사랑해"라는 말을 반복한다. 잠자리만 원하는 것이 아니다, 너를 가볍게 대할 생각은 없다며 자신의 진심을 강조하지만, 그런 남성과의 관계를 원하지 않는 여성의 입장에서는 그런 말이 고맙고 자시고 할 리가 없다. 여성에게도 상대를 선택할 권리가 있기 때문이다.

이런 착각은 성희롱에만 한정되지 않는다. 이는 상대 여성이 심각한 두려움에 시달리고 있는데도 "나는 진심으로 그 사람을 사랑하고 있다"며 여성에게 가혹한 폭력을 휘두르고도 아무 거리낌 없이 반성조차 하지 않는 가정폭력 가해자 남성의 사고방식과도 상통한다.

굴이 말할 필요도 없는 당연한 이야기지만, 남성이 아무리 진심이어도 결코 그로 인해 여성에게 성적으로 접근해도 되는 권리가 생기지 않는다. '나는 진심', '이 사랑은 진심'이라며 '진심'이 성희롱의 면죄부가 되는 일은 없다.

4. '즐거움'과 '불안' – 성에 대한 인식의 차이

왜 이렇게까지 생각이 엇갈릴까. 애초부터 남녀의 성 실태는 아주 다르다. 남성에게 섹스는 기본적으로 '쾌락'이고 사정할 때 폭발하는 쾌감에 따른 쾌락이 중심이다. 다소의 위험을 무릅쓰고라도 즐기고 싶은 일이다.

하지만 여성에게 섹스는 단순한 '쾌락'일 수 없다. 신체에 대한 침해일 수도 있고 원치 않는 임신을 걱정하기도 하며, 자칫 잘못하면 마음이나 몸을 다치게 할 수 있다는 '불안'을 동반하는 행위이기도 하다. 그러나 이 차이가 제대로 고려되지 않는다.

여성에게 인생 최초의 성적 경험이라고 하면, 동네를 배회하는 수상한 사람이 내놓은 성기를 본다든가 지하철에서 치한을 만나는 등의 일이 대부분이다. 어렸을 때부터 정당하지 않은 침해를 강요당하는 경우가 많다. 이는 일상의 온갖 상황에서 불특정 다수의 남성으로부터 성적 대상으로 취급당하는 '불쾌이자 공포'다. 예를 들어 좋아하는 사람과 하는 섹스라 해도 처음에는 아프기만 할 뿐 '쾌감' 따위는 없고, 연인이나 남편과 함께라도 전혀 기분 좋지 않은 섹스나 안 하는 편이 나았을 섹스가 있으며, 이런 부정적인 경험이 없는 여성은 거의 없다 해도 과언이 아니다.

그러나 남성에겐 성이 기본적으로 쾌락이기 때문에 '성적인 면에 대한 좋은 평가'는 긍정적인 일이며, 성적으로 높은 평가를 내리는 것(남성)도 받는 것(여성)도 모두 '좋은 일'이라고 생각한다.

실제로 성적으로 소비되는 대상은 세상에 무수히 존재한다. 그라비아^{グラビア}* 모델이 대표적인 예다. 이러한 모델은

---

* 인쇄 용어에서 파생된 말로 일본에서는 세미 누드를 담은 사진집과 영상물 등을 가리킨다.

"가슴이 빵빵하다, 끌린다, 만지고 싶다, 하고 싶다는 남자의 말은 당신이 매력적이라는 증거이며 그보다 좋은 칭찬은 없다"는 말을 듣곤 한다.

하지만 그 여성들은 어디까지나 직업으로서 일하고 있다. 그라비아 모델이라는 직업인에게 일에 대한 상찬은 할 수 있다 해도, 사적인 자리에서까지 아무에게나 성적 대상으로 취급받고 싶은가를 묻는다면 당연히 NO일 것이다.

여성에게 성은 반드시 쾌락일 수 없으며 오히려 불안, 공포나 자신의 심신이 폄하되는 일로 이어질 가능성도 있다는 점을 남성들이 인식해야 한다. 결코 내숭을 떠는 것이 아니다. 여성의 삶에 내재한 '불안'이나 '공포'를 완전히 없애기란 불가능하다.

이 감각이 남성들에게 전해지기는 좀처럼 어려운 듯하다. 예를 들어 상가 빌딩의 좁은 엘리베이터를 남성과 단둘이 타게 되었을 때, 상대 남성이 극히 일반적이고 평범한 사람이라 해도 여성은 순간 '무슨 일이 생기면 어쩌지…'하는 두려움이나 불안을 경험할 수밖에 없다. 남성이 가진 그런 '압박'을 무의식적으로 느끼기 때문이다.

남자를 모두 치한이나 강간범으로 생각한단 말인가? 남성들은 이것이 자의식 과잉이나 도가 지나친 피해망상이라고 생각할지도 모르지만, 이런 상상을 해보면 어떨까?

좁은 엘리베이터 안에 당신이 있다. 거기에 키가 190cm가 넘고 체중이 100kg도 훨씬 넘을 듯한 남자가 선글라스를 끼고 불량한 태도로 들어왔다고 하자.

그런 남성과 단둘이 있게 되었다면 어떻겠는가. 남성도 '괜히 불안한 걸, 무서워'라고 '압박'을 느낄 것이다.

가령 치한의 행위에도 여성들은 견디기 힘들 정도로 불쾌할 뿐 아니라 몸이 더러워진 듯한 모욕 및 공포를 느끼지만, 치한의 입장에서는 '자기도 느꼈으면서', '슬쩍 만졌을 뿐이잖아' 정도로밖에 생각하지 않는 경우가 많은 것이 사실이다. 강간범들도 '연인이나 남편하고는 섹스하잖아? 근데 왜 나하고는 하면 안 돼?'라고 생각하는 경우가 드물지 않으며 믿기 어렵지만, 강간범이 실제로 저렇게 말하는 경우도 상당히 많다.

가해자 남성과 피해자 여성의 사고방식은 이렇게나 차이가 크다. 이야기가 범죄에까지 이어지고 있지만, 남성이 성희롱을 하고도 태연하고 당당하게 있을 수 있는 이유도 근본적으로는 '성에 대한 인식의 차이'가 적지 않게 관련되어 있다고 생각한다.

또한 나는 일본 남성의 상당수가 '부끄러워하다'와 '질색하다'의 차이를 구분하지 못하는 것 같다는 의심을 오랫동안 해왔다.

가령, 사랑하는 남자친구라도 처음 섹스할 때는 대부분의 여성이 부끄러워하며 되도록 벗은 몸을 보여주지 않으려고 한다. 갑자기 바람이 세게 불어 치마가 뒤집히는 순간도 부끄러운 일이다. 그런 행동이나 모습을 '섹시하다'라고 생각하더라도 이해할 수 있다.

하지만 싫어하는데도 만지고, 옷을 벗기고, 욕실을 훔쳐보고…. 이런 행동은 부끄럽다기보다는 자신의 신체 및 사생활을 아무렇게나 침해하는 일에 대한 분노와 공포다. 이는 '부끄러움', '수줍음'과는 완전히 차원이 다른 '모욕감'이다. 그런데도 무슨 일인지 '수줍음'과 구분하지 못하고 여성이 모욕을 당해 고통받는 모습을 귀엽게도 부끄러움을 탄다고 머릿속에서 제멋대로 왜곡한 채 "섹시하다"라고 떠벌리는 남성이 상당히 많다.

일본 사회에서는 여성을 모욕하는 표현으로 가득한 성인 영상이나 성인 잡지, 만화, 게임 등을 거의 무제한으로 접할 수 있으니(성인 영상에는 '능욕물'이라는 장르까지 존재한다) 그 영향도 크다. 게다가 아이들에게 인기 있는 〈도라에몽〉에서조차 시즈카가 목욕하는 모습을 엿보는 장면이 꾸준히 나오기 때문에, 이런 사고방식이 어린 시절부터 머릿속에 각인되다시피 했을지도 모른다. 하지만 당연하게도 이 두 가지 감정을 구별하지 않으면 여성과의 소통은 불가능하다.

거듭 말하지만, 좋아하는 사람 이외의 사람에게서 받는 성적인 시선은 불쾌할 뿐이다. 이런 식으로 여성의 성에 대한 의사를 파악하지 못하는 남성에게 '사랑'과 '성희롱'의 경계선은 극도로 애매하다 못해 난해하여 좀처럼 보이지 않고 이해할 수 없는 무언가일 수밖에 없다.

5. 당신은 하면 안 되는 일

후쿠다 사무차관의 성희롱 발언에 대해, 일상적으로 성희롱 문제에 그다지 관심이 없는 여성들마저 "차관씩이나 되는 사람이 저렇게 난잡한 말을 하다니 질렸다"라며 상당히 비판의 목소리가 높았다. 젊은 여성들도 "정말 기분 나빠", "바보냐", "키스라니 꿈 깨"라며 단호히 부정적인 반응을 보였다.

그런 여성들의 발언에 일부 남성들은 이렇게 반응했다.

"후쿠야마 마사하루福山雅治*였다면 괜찮았을 거 아냐?"

"고이즈미 신지로小泉進次郎**가 하면 성희롱 아니잖아?"

텔레비전의 정보 프로그램에서도 진심인지 농담인지 이 질문을 신나게 해댔다고 한다. 비교적 성희롱에 대한 경각

---

*   1988년에 데뷔한 일본의 국민배우. 미남 스타의 대명사격으로 언급된다.

**   1981년생의 4선 국회의원. 고이즈미 준이치로 전 총리의 아들로 젊고 잘생긴 이미지.

심이 높은 젊은 세대 남성들조차 아무리 농담 반 진담 반이라지만, 투덜거리며 불평하는 문제였다. 여기에는 "왜 저 자식은 되고 나는 안 돼?" 다시 말해서 "내가 해도 좋아해야 해"라는 불순한 심리가 담겨 있다.

먼저 남성에게 취향이 있듯 여성에게도 취향이 있다. 괜찮게 생각하는 남성이나 좋아하는 남성, 짝사랑하는 남성 등 연애 감정을 가진 사람이 한 말이라면 확실히 달랐을지도 모른다. 후쿠야마 마사하루나 고이즈미 신지로에게 호의나 연심을 품은 여성이라면 '후쿠야마 마사하루는 괜찮아'이거나 '고이즈미 신지로였다면 상관없어'일 수도 있지만, 그래도 여전히 당신은 하면 안 된다. 젊은 여성들이 자주 쓰는 말로 해보자면 '응, 넌 아니야'인 셈이다.

더구나 설령 '후쿠야마 마사하루'라 해도 직장에서 일하고 있는 도중에 "키스해도 돼?"라는 말을 들으면 과연 괜찮기만 할까. 저렇게 무례한 사람이었다니, 라면서 평가가 뚝 떨어지게 마련이다. '후쿠야마 마사하루'도 어디까지나 매너가 좋아야 '후쿠야마 마사하루'일 수 있는 것이다.

이런 점에서 알 수 있듯, '당신은 안 돼'라는 말을 이해하지 못하는 남성의 뻔뻔함과 둔감함은 이 장의 주제이기도 한 직장 연애에 대한 남녀의 인식 차이를 초래하는 또 하나의 원인이다.

이런 남자들의 볼썽사나운 착각이 수많은 비극을 일으키고 있다.

불쾌하게 느끼는지 아닌지는 여성을 무시하거나 가볍게 여기는 마음이 있었는지 여부에 달려 있다.

여성은 남성이 내비치는 강압적인 '성적 접근'을 민감하게 감지한다. '저 녀석이 괜찮으면 나도 괜찮아야지'라는 의식은 앞에서 설명했듯 '성에 대한 인식의 차이'와도 통하는 부분이다. 즉, 당신은 하면 안 되는 일이다.

상대의 태도가 강압적, 고압적이지 않다면 그렇게까지 불쾌하게 느끼지 않는다. 여성에게 호의와 존경을 품고 있으면, 사랑이 시작될 수도 있을 것이다. 핵심은 여성을 인간으로서 존중하는 마음을 가졌는지의 여부다.

당신이 늘어놓는 '말장난'이나 성적인 접근에 미간을 찌푸리거나 시선을 피하거나 억지웃음을 짓거나, 혹은 완전히 무표정으로 대응하는 등 'NO'라는 신호가 보인다면 절

여기부터 성희롱

대 그 신호를 무시하지 말도록.

6. 연애와 성희롱 사이

　망상계와는 달리 남성의 일방적인 착각일 뿐이었다고 말할 수 없는 유형이 바로 '리얼계'다. 연애와 성희롱의 경계선은 애매하기 때문에 연애가 성희롱으로 바뀌는 사례도 있다.

　객관적으로 그런 '성희롱'을 보면 처음부터 연애 관계에 문제가 있었다고 보이는 경우도 있지만, 문제가 없을 때도 연애 당사자인 두 사람 사이에 오해나 착각이 생길 수 있다. 본인조차 "왜 그 사람을 좋아하게 됐는지 모르겠어", "어쩌다 보니 사귀게 됐어"라고 말하는 일도 흔히 볼 수 있다. 제삼자의 입장에선 두 사람이 정말로 사귀는 중인지 아닌지 짐작하기 어려운 일이기도 하다. 그런 한계가 있긴 하지만, 연애 관계였음에도 불구하고 관계가 변해 여성 쪽이 '이 관계는 성희롱이었다'고 남성을 신고하는 경우가 있을 수 있다.

　연애는 양쪽의 합의로 시작되는 관계인 데 반해 성희롱은 권력관계를 이용한 협박이다. 이 둘이 서로 전혀 다른 개념이긴 하지만, 연애와 성희롱의 거리는 미묘하게 가깝기도 하여 그 경계가 애매모호해질 때도 있다.

　관계의 시작이 연애였는지 성희롱이었는지를 판단할 수 있는 결정적인 기준은 없다. 양쪽이 합의했든 여성 쪽이 주장하는 대로 '처음에는 그럴 생각이 전혀 없었'든, 상대가 강력히 밀어붙여서 시작한 연애도 얼마든지 있기 때문에, "처음에는 그럴 생각이 없었다"는 말이 연애가 아니었다는 증거가 되지도 않는다.

　문제는 '과정'이다. 정도의 차이는 있지만, 어떤 종류의 연애든 사귀는 과정에서 이런저런 풍파가 있게 마련이다. 그것이 상사와 부하직원의 불륜이나, 교사와 학생의 도리에 어긋난 사랑이기라도 하면 풍파는 더더욱 클 수밖에 없다. 툭하면 때릴 정도로 격렬한 말다툼, 격해진 감정으로 시작하는 난폭한 섹스, 사귀는 과정에서 할 수밖에 없었던 임신중절, 불륜이었기 때문에 정신이 피폐해질 정도로 여성이 참고 견뎌야만 했던 상황 등이 생길 수 있기 때문이다. 거기에는 종종 업무상의 문제가 포함되기도 한다.

연애 중에는 어떻게든 참아왔던 일도, 관계가 끝나고 남성에게 진지한 마음이 없었다는 사실을 깨닫고 나면 그동안의 일 하나하나가 고통스러운 기억으로 되살아난다. 그런 상황에 이른 여성은 자신도 푹 빠져있던 달콤한 연애 기간의 추억조차 남성에게 조종되고 있었던 건 아닌지 되짚어보게 되며, 결국 전부 속았다고 느끼기까지 한다.

7. 끝이 안 좋으면 성희롱이 된다

"잠깐만요, 아무리 그래도 그건 너무하잖아요. 다 끝난 후에 속았다고 말하다니 비겁해요. 이건 연애에 대한 규칙 위반이에요."

남성뿐 아니라 여성 중에도 저렇게 생각하는 사람이 있을 것이다. 하지만 당사자인 여성의 입장에서 생각해보면, 그 당시에 참고 견디던 일도 역시 성희롱 피해에 해당한다.

남성이 자각하지 않아도 힘이나 입장의 상하관계가 존재할 수밖에 없기 때문에 그 힘에 의해 '부득이하게 하는 동의'(1장 참고)였다는 생각에 이르기 때문이다.

앞서 말한 '과정'과 함께 성희롱 판정의 기준으로 더욱 중요한 것은 '끝내는 방식과 그 후', 즉 이별 방식이다. 연애(불륜)에서 여성이 무엇을 상실하게 되었는지가 매우 중요한 요소다. 성희롱이라고 신고한 여성은 그 연애의 파탄으로 인해 결과적으로 일터에 나갈 수 없게 될 가능성이 높고(사직, 이동 발령, 계약 해지 등), 담당하던 업무를 잃을 수도 있다. 대학이라면 연구의 앞길이 막히기도 한다.

즉, 만일 연애로 시작한 관계라 해도 결과적으로 일을 계속할 수 없는 등의 상황이 초래된다면 그것은 '성희롱'에 해당한다.

오래 전부터 여성들은 곤란한 일을 겪어야 한다면 차라리… 하면서 스스로 일을 그만두는 방식으로 문제를 해결해왔다. 하지만 요즘 여성들은 그렇게 넘어가지 않는다. 독신이든 기혼이든 여성도 당연히 일을 해야 하고, 스스로 생계를 책임지고 가족을 부양하는 여성이 늘었으며 일에 열정을 바치며 삶의 보람을 느끼는 여성이 많다. '일'이 자신의 정체성의 일부가 된 것이다.

과거에 곧잘 회자되던 대로 결혼하기 전에 잠시 해보는 일이라든가 용돈 벌이 정도가 아니기 때문에, 여성에게 성희롱은 사활이 걸린 문제가 되기도 한다. 일단 계약이 해지되면 다음에 일을 구할 수 있을지 알 수 없는 상황이기에 설령 파트타임이라 해도 이는 생계의 문제다. 꼭 대기업에 다니는 '커리어 우먼'이 아니어도 쉽게 포기할 자리가 아니다. 심지어 상대 남성은 아무 변화 없이 평온하게 회사에 다닌다면 여성이 부조리, 불합리하다고 생각하는 것도 충분히 이해할 수 있다.

꼭 불륜이 아니라도 사내 연애를 끝내기란 어려운 일이며, 문제가 생기면 서로 껄끄럽기에 당연히 일하기도 힘들어진다. 헤어진 여성의 존재가 거북한 나머지, 인사에 관여할 수 있는 사람은 다음 인사이동에서 상대 여성의 부서를 이동시키려 하기도 한다. 그게 여성 쪽에서도 일하기 편할 거라 판단해 상대를 배려한 조치라고 생각할 수도 있다.

하지만 결과적으로 그 여성의 경력에 방해가 된 상황이

라면 그것도 성희롱에 해당한다. 불미스러운 상황을 피하기 위해서는 당연히 여성 쪽이 일을 그만둬야 한다고 생각하는 남성이 아직도 많은데다, 불미스러운 일은커녕 같은 직장에서 결혼해도 부서가 바뀌는 쪽은 대부분 여성이다. 안이하게 여성을 이동시키거나 사직시켜 문제를 해결하려는 태도야말로 성희롱이다.

간단히 말해 '끝이 나쁘면 성희롱이 된다'는 것이다.

마음이 변하거나 교제가 끝나는 일은 불륜이든 평범한 연애든 어떤 관계에서든 따라오게 마련이다. 그것은 어쩔 수 없다. 하지만 상대가 자신의 부하직원이거나 관리 대상, 지도 학생인 경우라면 성실함과 배려를 보통 이상으로 발휘해야 한다. 자신과의 교제 때문에 상대 여성의 경력에 부정적인 영향을 끼치는 부분은 없는지 여성의 입장에서 진지하게 점검해야 한다. 그런 뒤 그 여성의 인생이 그 이후로도 순조롭게 진행될 수 있도록 지지해야 한다.

"나는 평사원 신분이라 그렇게 하고 싶어도 못 하는 상황이고 그럴 힘도 없다"라는 반응도 있지만, 정말 그럴까?

결과적으로 그 여성이 바라는 바가 완벽하게 실현될 수

없다 해도 책임감 있게 그의 앞날을 지지하고 있다는 진심을 전하면, 설령 그 관계가 불륜이었다 해도 그 여성이 격한 분노나 후회를 느끼는 일은 없을 것이다. 더구나 이 사랑이 성희롱이었다고 느끼는 일은 분명 없을 것이다.

한 가지 더 충고하자면, 현재 진행 중인 사랑을 끝내고 상대와 헤어지려는 이유가 새로운 사람이 생겼기 때문일 때에도 위험하다. 사귀는 상대를 갈아타는 일도 연애의 한 가지 방식이며, 절대 '악한 일'은 아니다(그렇다고 칭찬할 이야기도 아니다). 이는 주변에서도 곧잘 있는 일이지만, 지금 사귀는 상대가 부하직원이고 다음 상대도 비슷한 지위의 여성이라면 이전 상대의 분노를 살 수밖에 없다.

실제로 성희롱 재판에서 여성이 "비슷한 일이 계속 반복되는 상황을 견딜 수 없다"고 호소한 사례가 있다. 자신이 감독·지도의 책임을 지고 있는 부하직원이나 학생과 사귄다는 것은 간단히 말하면 직업상의 지위나 힘을 남용하고 있다는 뜻이다. 그 대가는 톡톡히 치러야 한다는 점을 각오하라. 권력관계를 이용해온 남성 쪽이 "연애하다 헤어졌을 뿐인데 뭐가 문제냐"라고 정리해버린다면 좀처럼 빠져나가기 힘든 크고 깊은 성희롱의 구렁텅이에 이미 한 발 넣었다는 뜻이다. 성희롱으로 신고당하지 않기 위해서라도 상대와 진심으로 마주해 그의 앞길을 응원하는 데 충분히 주의를 기울이길 바란다.

8. 사내 연애는 금지인가

과거에는 전체 결혼의 절반 이상이 사내 결혼이라는 말이 있었지만, 남녀가 만날 기회가 다양해지면서 이제는 사내 결혼 비중이 차츰 낮아지는 추세다. 하지만 결혼을 생각하는 남녀에게 직장이 최고의 '만남의 장소'가 되기도 한다는 사실은 변하지 않는다.

그래서 "이것도 성희롱, 저것도 성희롱이면 직장에서는 좋아하는 사람에게 작업을 걸어도 안 되고 연애를 해도 안 된다는 말인가 해서 암담하다"는 의견도 슬금슬금 올라온다.

절대 그런 일은 없다. 나는 절대 사내 연애 자체가 문제라고는 생각하지 않는다. 직장이 같으면 서로 인간성이나 업무 태도 등도 잘 알 수 있고, 좋아하는 사람이 직장에 있다는 생각만으로도 일에 대한 의욕이 솟을 수 있다.

하지만 남성 측은 이 사랑이 나의 지위를 이용하는 것은 아닐까? 하는 셀프 체크를 반드시 해보는 편이 좋다. 자신은 데이트할 생각이었지만, 상대는 거절하기 힘든 상황일 수도 있지 않을까, 아무리 좋은 연애라도 혹여 헤어진 후에 상대 여성의 노동환경에 악영향을 끼치게 되지는 않을까 세심히 점검해야 한다.

성희롱은 연애관계가 아닌 상황에서도 벌어질 수 있고, 사귀다 헤어지거나 이혼을 하더라도 절대 성희롱이 되지 않는 '좋은 이별 방법'도 얼마든지 있다. '모든 걸 성희롱이라고 따지고 들면 사내 연애도 못 한다'는 사고방식은 요점을 빗나가도 한참 빗나간 불평이다.

사내 연애 자가 진단

• 업무를 빙자해 데이트 신청을 하지는 않았는가?

쑥스럽기도 하고 거절당하지 않게 안전장치를 해두고 싶다는 나약한 생각이 들기도 해서, 자신도 모르게 "밥 먹으러 갈까? 맛있는 어묵탕 집이 있거든. 가는 김에 거기서 회의도 좀 하고…"라며 일을 빙자해 데이트를 신청하기 쉽지만, 그러면 안 된다. 회사 일이니 안 가면 안 되겠구나… 하며 거절하기 힘든 상황을 조성하기 때문이다. 데이트 신청을 할 때는 공사를 분명히 구분해야 한다.

• 너무 끈질기게 접근하지 않았는가?

"오늘은 컨디션이 조금 안 좋아요.", "선약이 있어요."

공적 상황에서 '추후 검토해 보겠습니다'라는 표현이 '거절'의 의미로 통하듯, 여성도 관심 없는 남성이 데이트 신청을 할 때 거절하고 싶어도 뭔가 핑계를 대며 상대의 체면이 깎이지 않게 배려한다. YES인지 NO인지 분명하지 않은 말을 말 그대로 받아들여 "그럼 내일은? 토요일엔 시간 되지 않아?"라며 끈질기게 물어봐선 안 된다. 데이트하고 싶지만 정말 그날 어쩔 수 없는 사정이 있다면 분명 상대가 "다음 주 토요일이나 일요일은 어떠세요"라고 직접 물어볼

것이다. 그렇지 않다면 가망이 없다는 뜻이니 포기하도록
하자. "그럼 언제 시간 돼?"라며 상대를 몰아붙여선 안 된
다. 상대가 "여럿이 함께 보는 게 어떨까요"라고 묻는다면
이것도 잘 될 가능성이 없다는 뜻이니 포기하자. 반대로 그
저 부하직원에게 격려의 뜻을 전하고 싶은 마음이라면 여
성 한 명보다는 여러 사람과 함께 만나는 편이 현명하다.

- 차여도 상대 여성을 계속 지원할 수 있는가?

기껏 좋아하는 마음을 표했는데 받아주지 않아, 이른바
차이게 되면 결코 기분이 좋지 않다. '좋아했던 만큼 미움
도 크다'는 말처럼 상대에 대한 감정이 안 좋아질 수도 있
다. 더구나 상대와 일터가 같으면 매일 얼굴을 봐야 하니
서로가 한층 불편하게 마련이다. 그렇다고 속 좁게 말을 걸
지 않거나 눈을 맞추지 않는 등 그를 무시하거나 아예 팀에
서 빼버리면 그것은 성희롱에 해당한다. 홧김에 앙갚음이
라도 하면 더더욱 그렇다. 일은 일, 사생활은 사생활로 구
분할 수 있어야 한다. 그럴 때일수록 차분하고 신사적으로
행동해야 성희롱의 구렁텅이에 빠지지 않도록 자신을 지킬

수 있을 뿐 아니라 직장에서의 매너도 유지할 수 있다. 연애를 하면 문제는 생기게 마련인데, 그에 대한 각오가 제대로 되어 있는가? 지금 확인해 보자.

위와 같은 셀프 체크를 확실히 해두면 '이젠 사내 연애도 할 수 없다', '좋아하는 사람에게 접근도 못 하게 됐다'며 걱정할 필요도 없을 것이다.

9. '불륜'이라는 어둠

이 장의 마지막에서는 연애와는 전혀 다른 '불륜'의 경우를 설명하겠다.

어떤 직장에서 계약직 사원으로 일하고 있던 C씨는 상사로부터 계약 연장을 넌지시 암시하면서 성적 관계를 강요받았다. 너무나 끈질긴 요구에 지쳐버린 C씨는 '한 번만 들어주면 그걸로 만족해서 그만두겠지' 하며 관계에 응했다. 하지만 생각과 달리 그 후에도 계속 관계를 강요받았다.

제삼자가 보면 '여자가 생각이 짧았네. 성관계 요구가 한 번으로 끝날 리가 없는 데다 들어주면 협박당할 구실을 제공할 뿐인데, 어리석은 판단을 했군'이라고 생각할 수도 있다.

하지만 궁지에 몰린 C씨는 한 번 받아주면 만족해서 그만둘 거라 생각하면서 육체관계를 맺을 수밖에 없었다. 그것이 결과적으로 올바른 판단은 아니었지만, 그 정도로 절박한 상황에 몰려있었던 것이다.

그러나 그 후에 남성의 부인이 그 사실을 알게 되어, C씨는 그 부인에게 '부정不貞' 행위로 고소당하는 상황이 되어버렸다.

이렇게 되면 남성 쪽은 돌변한다. 자신이 끈질기게 강요한 사실은 까맣게 잊은 듯 "계약직 사원인 여성이 계약을 연장하려는 목적으로 자신을 유혹했다. 나도 약간 허술한 면이 있었는지 그만 유혹에 넘어가 버렸다"고 주장한다.

그 남성의 부인 입장에선 그런 설명이 받아들이기 수월하기 때문에 "여자가 나쁘다"며 부부가 함께 격렬하게 C씨를 몰아세웠다.

C씨가 반쯤 포기한 채 줄곧 끌려다닌 관계가 옆에서 보기엔 명실상부한 '불륜'이었을 것이며, 가까스로 목소리를 내 남성에게 옳지 않다는 문제를 제기해도 그저 전형적인 치정 싸움처럼 보일 수 있다.

나는 C씨가 털어놓은 말이 너무나 인상에 깊이 남았다.

"저는 제가 불륜 행위를 하고 있다고는 생각해본 적 없었습니다. 보통 불륜이라면 규범에서 벗어난 즐거움이나 남들은 모르는 두근거림 같은 연애 기분을 느낄 수 있는 관계 아닌가요? 집요한 요구와 강제로, 싫은데도 어쩔 수 없이 응할 수밖에 없었던 이런 관계가 불륜이라고는 생각지도 못했습니다."

그저 괴롭고 고통스럽기만 한 이 불행한 관계가 정말 불륜인가? 하는 의문이 들었던 것이다. 그 관계는 불륜의 외피를 쓴 협박이었다. 불륜이 면죄부가 되는 경우도 있다니, 성희롱이라는 어둠의 밑바닥을 본 듯한 기분이었다.

이후에 C씨는 성희롱 문제에 해박한 여성 변호사의 지원

을 받아 이 남성을 정식으로 고소했다. 정당한 판결이 내려

지기를 바랄 뿐이다.

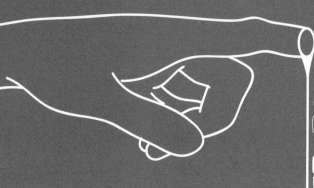

5장

상처들을 어떻게 해결해야 할까

1. 처음부터 끝까지 틀렸다

사내에서 성희롱이 발생하면 어떻게 대응해야 할까. 이 장에서는 실제로 일어난 재무성의 성희롱 사건(2018년 4월)을 예시로 삼아 재무성의 대응이 왜 잘못되었는지 검증하고자 한다.

그 점을 제대로 파악하면 '사내에서 일어난 성희롱에 관련된 모든 사람'(고소당한 가해자, 성희롱 피해자, 성희롱에 대한 고충을 접수한 상사, 기업)은 '적절한 대응'이 무엇인지 스스로 알 수 있다. 그럼 찬찬히 되짚어 보자.

재무성의 대응 중 어디가 잘못되었는지 묻는다면 '처음부터 끝까지 전부 틀렸다'고 말할 수밖에 없다. 이 사건은 주간지 『슈칸신초週刊新潮』(2018년 4월 12일 발행)가 후쿠다 차관

(당시)의 성희롱 의혹을 보도하면서부터 시작되었다.

① 성희롱의 진상에 대해 여러 여성 기자의 증언이 실렸지만, 이에 대해 재무장관(책임자)인 아소 다로는 "안이하지 않게 엄정 대처하도록 훈계했으니 그걸로 충분하다고 생각한다"라고 발언하는 등 재무성에서는 조사를 실시할 계획이 없는 상황이었다. 훈계는 회사나 학교에서 내리는 조치 중 가장 가벼운 것이기에 징계에도 해당하지 않는다.

② 후에 이어진 "사실이라면 그것은 성희롱이라는 의미에서 문제가 되는 말이다", "그런 종류의 이야기도 요즘 시대에는 분명히 성희롱에 해당한다"는 발언에서도 조처를 하지 않겠다는 생각이 다시 한번 드러났다. 이렇게 핵심을 벗어났을 뿐 아니라 관리자로서 책임감이 결여된 모습에 세간의 이목이 더욱더 집중되었다.

③ 얼마 지나지 않아 음성 데이터가 공개되고 이른바 '말장난'이 속속 미디어를 통해 전해지면서 사회에 큰 파장을 불러일으켰다. 그리하여 절체절명의 위기가 찾아왔다.

사임해야 한다는 여론이 높아지던 중 침묵하던 후쿠다가 돌연 "입장을 밝히겠다"며 헐렁하고 격식 없는 차림으로 자택 앞 기자들에게 나섰고, 재무성은 내부에서의 음성 데이터 조사 내용을 포함한 문서를 발표했다.

재무성의 음성 데이터 조사에서 후쿠다는 파일 속의 목소리가 자신의 목소리인지에 대해서는 분명히 언급하지 않고 보도 내용을 부인했다. 그리고 주간지 보도는 허위라며 출판사 고소를 준비 중이라고 밝혔다.

후쿠다는 "음성 데이터에 따르면 상대가 확실히 여성 기자였는지 알 수 없다", "부끄러운 이야기지만, 업무시간이 끝난 후 가끔은 여성 접대부가 있는 술집에 가서 그들과 말장난을 즐기는 경우가 있다"고 대답했다.

즉, (내가 번역해본 바에 따르면) "그 폭로는 거짓말이야. 오히려 주간지를 고소할 거야. 몰래 녹음한 음성 데이터라니 진짜일 리가 없잖아. 내 목소리인지 아닌지도 정확히 알 수 없던데? 하지만 나는 관료이면서도 절대 고지식한 사람이 아니고, 장난꾸러기 같은 면이 있는 인간미 넘치는 남자이기 때문에 사적으로는 여성이 남성을 접대하는 술집에 가서 그런 살짝 야한 대화를 즐기는 일도 있거든. 그게 뭐 어때서?"라는 것이다.

이리하여 지금에 이르기까지 '내가 성희롱 따위를 할 리가 없잖아'로 일관하고 있다.

④ 동시에 재무부는 당사자인 후쿠다에게 들은 내용만으로는 사실관계를 해명할 수 없다며 기자 클럽에 가입된 각 언론사에 '후쿠다 사무차관에 관한 보도 협력 요청'이라는 문서를 보내 다음과 같은 내용을 여성 기자들에게 주지하도록 요구했다.

- 후쿠다 사무차관과 주간지 보도에 실린 내용과 같은 대화를 했던 여성 기자가 있으시다면 조사에 협력해주실 것을 요청합니다.
- 협력해주시는 분께 불이익이 생기지 않도록 책임지고 대응하겠습니다.
- 대응은 변호사에게 위임하고 있으므로, 조사에 협력해주시는 경우에는 아래에 적힌 변호사 사무실에 직접 연락해주십시오.

요약하면, '후쿠다에게 성희롱을 당했다고 호들갑을 떨

여기부터 성희롱

고 있는 여성 기자는 재무성 전속 변호사에게 연락하라'는 요청이다.

이런 태도는 야노 관방장이 "그렇게까지 고통스러운 일이었으면 왜 변호사에게 익명으로 말하는가"라고 했던 발언과도 상통한다.

이 발언은 변호사들로부터 강력한 비판을 받으며 SNS를 중심으로 엄청난 관심과 비난을 불러일으켰다. 이 때문인지 후쿠다 차관이 갑자기 사임했다. 그러나 성희롱 행위에 대해서는 인정하지 않았고, 사임 사유는 "주간지 보도에 따른 혼란으로 사무차관으로서의 직무를 다하기 곤란해졌기 때문이다"라고 재차 밝혔다.

다음 날 새벽, 후쿠다가 성희롱한 여성 기자는 'TV아사히' 소속이었던 것으로 밝혀졌다. TV아사히는 재무성에 정식으로 항의했다.

2. 재무성 대응의 문제점

구체적으로 어떤 점이 잘못되었는지 살펴보자.

우선 처음부터 ①, ②와 같이 사실 확인이나 징계 처분은 하지 않겠다고 표명한 점이다. 사실관계에 관해 가해자인 직원부터 조사할 필요가 있다고 인사원 규칙에 분명히 정해두고 있는데도 말이다. 이런 태도는 그저 '덮어버리겠다'고 말하는 셈이다.

③ 애초에 고문변호사가 직접 후쿠다 차관을 조사하지 않았던 것부터 큰 문제다. "후쿠다 차관에게서 이야기는 들었다"고 야노 관방장이 말했지만, 관방장은 차관보다 직위가 낮다. 부하가 상사의 성희롱을 조사하는데 뭐가 제대로 해명될 수 있겠는가. 사무차관은 행정기관의 고위 간부 중 하나로, 부처에서 공무원이 취임할 수 있는 가장 높은 직책인 최고위직이다. 같은 부처에서 일하는 직원이 그렇게 높은 지위의 사람을 공정하게 조사할 수 있을 리가 없다. 따라서 반드시 해당 부처의 고문변호사가 조사해야 한다. 고문변호사는 기본적으로 기업(이 경우에는 정부기관)을 지키고

조직의 이익을 보호하는 일이 자신의 업무이기에, 가해자로부터 상세히 사정을 조사한 뒤 사안을 해명하는 일 정도는 충분히 할 수 있다. 재무성에 가장 피해가 적은 방식으로 수습하길 바랐다면 '식구끼리 조사'를 해선 안 된다.

'사무차관'이 해당 기관의 '얼굴'인 만큼 고문변호사가 조사에 참여하는 정도만으로 공정한 처분이 이루어질지는 여전히 상당히 의문이지만, 적어도 줄줄이 쏟아진 무책임한 발언은 막을 수 있었을지 모른다. 그래서 불에 기름을 붓는 형국으로 이어지지는 않았을 수도 있다.

그들의 대응 중에서 특히 문제였던 부분은 ④다. 재무성에서 연락처를 제시한 변호사는 그곳에서 고문 계약을 맺은 법무법인의 변호사로, 제삼자로서 형평성을 유지할지 확신할 수 없다. 그리고 가장 큰 문제는 피해자의 신변이나 인권을 보호해야 한다는 관점이 완전히 빠져있다는 점이다. 3장에서도 설명했듯 지금 일본의 상황은 성희롱 피해를 본 여성이 안심하고 이름을 밝힐 수 있는 환경이 결코 아니며, 실명이나 얼굴을 드러내면 피해를 밝히기 무섭게 인터넷이나 언론에서 가혹한 공격을 받게 되는 등 2차 가해가 쏟아질 것이 기정사실이나 다름없다. 게다가 차관과 기자는 권력의 위계가 명백하므로 정보가 새어 나가기라도 하면 기자의 업무에 상당한 손실이 예상된다. 이런 상황에서 '이름을 밝히라'는 발언은 그저 압력을 가하기 위한 협박 이외에 아무것도 아니다.

이렇게 마구잡이로 무지를 쏟아내는 대응 때문에 아마 당시 재무성에서 성희롱 문제를 담당하는 (기업이라면 인사 및 총무과에 해당할) 부서의 직원들도 날마다 충격의 연속이었을 것이다. 더구나 재무성이 4월 27일 성희롱을 인정해 5월 9일에 간부 연수를 실시했는데, 당사자인 사무차관은 이미 퇴직한 후라 연수를 받지도 않았고 아소 장관은 물론 야노 관방장도 참가하지 않았다.

그렇다면 어떻게 해야 했을까?

우선은 사람들 앞에서 저속하기 짝이 없는 성희롱 발언을 하면 안 된다는 점을 다시 한번 기본 상식으로 확립해, 정치가나 관료 등 모범이 되어야 할 지위의 사람일수록 더더욱 그 기본을 지키게 해야 한다.

그리고 무엇보다 필요한 것은 본인의 진실한 사과다.

　　　　　　　　여기부터 성희롱

술에 취해 사신도 모르게 도를 넘어버리는 날은 누구나 한두 번 있을 수 있다. 주위 사람들이 비웃거나 쓴웃음을 보이는데도 재밌어한다고 착각해 부하직원이나 거래처 여성들 앞에서 저열한 말을 무심결에 내뱉는 일이 있을지도 모른다. 그것은 분명 성희롱과 다름없는 행동이지만, 다음 날 숙취가 차츰 가라앉고 자신이 지나쳤다는 사실을 깨달은 순간 진심으로 사과하면 큰일로 번지지는 않을 것이다. '어젯밤 술에 취했더라도 해선 안 되는 말을 한 것 같습니다. 죄송합니다. 이런 일이 없도록 앞으로 더욱 주의하겠습니다'라고 깊이 반성한 뒤 깨끗이 사과한다. 그리고 다시는 반복하지 않는다.

이렇게 대처하면 그의 성희롱이 '사건'으로까지 커지지는 않았을지도 모른다. 언론 보도에 대해서도 '술에 취했다고는 하지만, 말장난이 지나쳐 송구스럽게 생각하고 있습니다. 여성 기자분들께는 먼저 사과드렸습니다'라고 대응할 수 있었을 것이다.

하지만 그는 완전히 정반대로 행동했다. 상습적으로 성희롱을 반복하면서도 고발에 대해 "성희롱 같은 거 한 적 없다", "주간지를 고소하겠다"라고 발언한 것이다. 장관을 비롯한 다른 관료들마저 핵심을 파악하지 못하는 구조적 상황(?)까지 더해져 사태가 수습되기는커녕 순식간에 걷잡을 수 없이 커졌다.

여성 기자는 업무차 외무성 사무차관을 만나고 있었으니 이 사건은 명백히 성희롱에 해당한다. 후쿠다 전 사무차관은 사임 이유를 "주간지 보도에 따른 혼란으로 사무차관으로서의 직무를 다하기 곤란해졌다는 점"이라고 밝혔지만, 여기에서 보이는 속마음은 '이렇게까지 계속 떠들 셈이면 그만두겠습니다. 하지만 이건 어디까지나 업무에 지장을 초래할 정도로 소동이 벌어졌기 때문입니다. 성희롱의 책임을 지고 그만두는 것이 아닙니다. 반성? 그걸 제가 왜하죠, 성희롱을 하지도 않았는데' 뿐이었다. 자각도 반성도 성실함도 없다. 반면교사로 적절한 정도가 아니라 최고라고 생각한다.

3. 이렇게 사과하라

성희롱 문제가 발생하면 조직은 제삼자나 전문가에게 냉정하고 성실한 조사를 맡겨야 한다. 성희롱으로 고소당했다면 사안에 따라 '인정해야 할 일'인지 '인정해선 안 될 일'인지 갈등이 있겠으나 일단은 개인이 마땅히 사과해야 한다. 사안의 경중이 다르겠지만, 사과했다고 해서 혹은 자신이 한 일이라고 솔직히 인정했다고 해서 반드시 큰 사건이 되고 범죄자 취급을 받게 되는 것은 아니다. 다시 한번 강조하지만, "나는 나쁜 짓 한 적 없다", "거부하지 않았으니 합의다"라고 정색하며 잡아떼는 태도는 상대 여성의 분노를 더욱 자극해 '이 문제로 인해 일이나 학업을 예전처럼 계속할 수 없다'라는 절망감과 피해 감정을 증폭시키게 된다.

'그럴 의도가 있었던 것은 아니지만, 상대의 기분을 잘못 파악하고 그런 행동을 하게 되어 매우 죄송하다', '앞으로는 두 번 다시 이런 일을 하지 않겠다'라고 성실히 사과하는 태도가 가장 중요하다.

여성들이 "그런 행동은 성희롱 아닌가요?", "그렇게 성희롱하시면 안 돼요"라고 지적하면 과잉반응부터 보이는 남성이 많은 듯하다. 일단 인정해버리면 곧바로 범죄자로 낙인찍혀 직장이나 사회로부터 제재를 받을 거라 생각하는 걸까? 강제 추행, 강간(현재 법률 용어로는 강제 성관계)에 해당할 만한 극히 일부의 악질적인 행위를 제외하고는 성희롱을 인정해도 즉시 유죄 판결을 받게 되는 일은 없다. 그런데도 '한 번 인정하면 끝까지 죄를 추궁당해 거액의 위자료를 물어주게 될지도 몰라'라는 걱정이라도 하는지, 절대 인정하지 않는 편이 상책이라며 끝까지 잡아떼고 얼버무리거나 단호히 부정한다. 과잉반응에 따른 적반하장으로 사태를 악화시키는 일이 없도록 반드시 냉정하고 성실하게 대응해야 한다.

직장 내 성희롱 피해를 호소하는 상대는 부하직원 및 동료, 지도학생 등 업무상 접촉이 있는 여성이다. 상대 남성에게 신세를 지거나 도움을 받는 일도 있고, 서로 협력하는 일도 있었을 테다. 즉, 어떤 부분에서 마음이 통하는 면도 있을 수 있는 관계이기에, 상당히 악랄한 행위를 한 경우가 아닌 한 남성 쪽이 진심으로 사과하는데도 통하지 않는 일은 그렇게 많지 않을 것이다. 진지하게 진심으로 사과하면 그 뜻이 전해지게 마련이다. 물의를 빚은 연예인의 기자회견을 보더라도 세상 사람들은 자신이 직접 준비한 말로 성실히 사과하는 사람에게 대체로 호의적인 반응을 보여 왔다. 구차한 변명, 적어준 대로 읽기만 하기, 입으로는 사과하면서도 배어 나오는 불손한 표정, '어쨌든 머리만 조아려 주면 될 거 아냐'라고 말하는 것과 다름없는 태도 등을 보이면 속마음만 낱낱이 들킬 뿐이다.

"그런 오해를 야기하며 불쾌감을 느끼게 해서 죄송합니다." 실수한 정치인들의 트위터나 블로그, 기자회견, 사과문은 어디서 똑같은 글을 가져오나 싶을 정도로 전부 비슷하다. 여성들은 이런 내용 없는 사과를 가장 싫어한다.

일반인이라 해도 눈감아줄 수 없다.

마치 그렇게 오해한 상대방이 나쁘다는 듯 책임을 전가하는 태도가 훤히 들여다보인다. 일단 그 자세부터 고쳐야 한다. 상대 여성이 무엇을 불쾌하게 느끼고 있는가, 왜 분노하고 있는가를 충분히 이해한 후에 사과하길 바란다.

그래도 여전히 진심으로 반성하면서 내가 나빴다고 생각

하지 못하는 가해자가 많을 것이다(이미 몸에 배어있는 둔감함은 좀처럼 쉽게 변하지 않는다). "옛날이 좋았지. 요즘 직장에서 여자는 완전 시한폭탄이잖아. 여자들 히스테리가 너무 심해"라는 불만은 남겠지만, 시대가 변하고 의식이 변해서 성희롱은 매너의 수준이 아니라 인권의 문제라는 의식이 널리 퍼져 있다. 그러니 직장의 질서가 크게 변했다는 사실을 받아들이는 수밖에 없다.

그리고 한 번에 제대로 근절해야 한다. 아무리 진심으로 사과했더라도 버릇을 고치지 않고 같은 짓을 반복하면 아무 의미 없다. 기업도 그에 대해 철저히 교육해야 한다. 성희롱을 저지르는 직원은 기업이나 조직에 막중한 부정적 영향을 미친다. 재판으로 이어지기라도 하면 기업의 브랜드 이미지도 나빠진다.

4. 성희롱이 발생했을 때 조사 방법

이 절에서는 일반적인 기업의 성희롱 대처법을 소개하고

여기부터 성희롱

자 한다.

성희롱에 대한 조직의 대응은 최종적으로는 각 기업의 경영 환경에 따라 달라지지만, 균등법 제11조 제1항에 따라 회사는 성희롱 문제에 적절히 대응하기 위해 필요한 체제의 정비, 그 외 고용 관리상 필요한 조치를 반드시 강구해야 한다.

하지만 기업에는 '성희롱 대책 마련'뿐 아니라, 성희롱 방지책을 철저히 주지시키는 일도 필요하다.

균등법 지침에 따르면 기업은 사내에 성희롱 상담 창구를 두고 상담자의 신고를 접수해 문제 해결을 도모해야 한다. 상담자의 요구에 따라(일단 들어주는 것만으로 좋다. 상대에게 전하고 싶지는 않다고 하는 예도 있기 때문에), 상대방이나 관계자로부터도 사정을 듣는다. 그리고 상담자에게 안전한 직장 환경을 다시 돌려줄 수 있도록 대처한다.

성희롱에 대한 인식이나 이해의 수준은 회사마다 제각각이고 성희롱 대책 의무화에 따라 어쩔 수 없이 '이름뿐인 상담 창구'를 개설하는 회사도 적지 않다. 하지만 그래서는 문제해결은커녕 문제를 더 만드는 사태가 발생하기 십상이다.

　재무성의 예에서도 설명했듯, 성희롱 문제가 발생하면 조직에서 제삼자나 전문가를 통해 객관적이고 성실하게 조사를 진행하는 일이 매우 중요하다. 하지만 만일 부서 내에서 원만하게 해결할 수 있으면 가해자의 저항도 적고 무엇보다 피해자의 심리적 부담도 최대한 줄일 수 있다. 또한 가해자에게 이 이상 사태를 키워선 안 되겠다는 억제 효과가 생기리라 기대할 수도 있다. 가해자의 위신을 망치지 않는 방식으로 행실에 주의를 기울이도록 촉구해 반성과 사죄를 끌어내는 동시에, 절대 보복하지 않도록 지도하고 피해를 본 사람의 노동 환경을 지킬 수 있게 조정해야 한다. 이것이 피해자, 가해자, 회사 어느 쪽에도 '해'를 최소화하며 해결할 수 있는 최선책이겠지만, 문제는 과연 그렇게 대처할 수 있는 적임자가 존재할 것인가 여부다. 서툰 대응으로 회사 안팎에 엉뚱한 소문이 퍼지거나 "그 사람은 그럴 사람이 아니야", "오해 아니야?"라며 남성을 우위에 둔 편견이나 몰이해로 사건을 축소하면서 상황을 악화시킬 위험도 얼마든지 있을 수 있다.

게다가 직속 상사가 성희롱(권력형 괴롭힘)을 저지르는 경우가 많기 때문에 '일단 상사에게 상담'하라고 해도 해결이 좀처럼 쉽지 않을 것이다. 따라서 기업은 내부에서 공정하게 문제를 해결할 수 있도록 관리직의 능력을 길러주는 동시에, 그것만으로 어려운 때를 대비하여 변호사 등의 도움을 받아 외부 상담 창구를 마련하고 충분히 제 기능을 다할 수 있게 관리해야 한다.

5. 직원이 거래처에서 성희롱을 당한 경우

가해자가 거래처 등 회사 밖 사람이어도 자사 직원이 받은 성희롱을 방치하면 기업에 책임을 묻는다.

직원이 위와 같은 신고를 하면 회사는 해당 기업의 관리자 등에게 불만을 제기하고 개선을 위한 노력을 요청해야 한다.

하지만 사실 가해자가 중요한 갑 측 거래처 직원인 경우에는 회사의 이익에 영향을 미칠 것이 두려워 공식적인 대응을 주저하는 일도 있다. 성희롱을 당한 직원 본인도 그 점을 걱정한 나머지 가해자는 물론 본인의 회사에조차 좀처럼 이야기를 꺼내지 못할 수 있다. 예를 들어 재무성 차관의 성희롱 사실을 밝힌 TV아사히의 기자 등 정치부 기자에게 차관은 취재 대상, 즉 일종의 거래처이며 심지어 변경의 여지가 없는 절대적 거래처다.

"신문사 신규 채용 기자의 거의 절반이 여성이다. 많은 여성 기자는 취재 대상과 회사의 관계가 악화할까 두려워 성희롱 발언을 듣고도 그냥 넘기거나 허리나 어깨에 둘린 손을 조용히 그 사람의 무릎으로 돌려놓는 등 어쩔 수 없이 소극적 대응으로 일관했다. 굴욕적이고 분하다고 생각하면서도 문제를 제기하지 못한 채 인내를 강요당해 온 것이다. 이제는 이런 상황을 끝내야만 한다."

이는 일본 신문 노동조합 연합(신문노련)의 "'성희롱은 인권 침해' 재무성은 각성하라"라는 제목으로 발표된 성명서(2018년 4월 18일)의 일부다.

여기부터 성희롱

상대의 힘이 거대한 만큼 보도기관은 신문, 텔레비전, 잡지 각각의 회사가 힘을 모아 취재 등 업무상 고유의 환경을 남용한 괴롭힘을 절대 허용하지 않겠다는 무관용 원칙(가벼운 규율 위반이라도 관용하지 않고 엄격히 처벌해 더욱 중대한 위반을 미연에 방지하는 원칙)을 전개해나가야 한다.

그렇게라도 하지 않으면 역시 '중요한 거래처와 회사의 관계가 악화할까 두려워' 굴욕을 느끼면서도 성희롱을 참고 견뎌야 하는 사태는 앞으로도 부지기수로 일어날 것이다.

성희롱 상대가 회사 밖의 사람일수록 사내에서 일어난 성희롱 이상의 단호한 대처를 해야 한다. 재무성 차관의 성희롱 사건에서는 TV아사히의 고위 간부인 보도국장이 기자회견을 열고 재무성에 정식으로 항의할 용의가 있다며 단호하게 회사의 의사를 밝혔다. "말만 저렇게 하는 거다", "보여주기식에 지나지 않는다"라는 의견도 많았지만, 설령 겉치레였다 하더라도 공식 입장을 밝히는 것은 회사로서 당연히 지녀야 할 태도다.

기업은 '직원을 지킨다'는 철저한 의지와 자세를 가져야 한다.

6. 일하는 사람을 지킨다

신고에 따라 조사를 하고 간과할 수 없는 언동이 있었다는 사실이 판명되면, 회사에서는 가해자에게 적절한 처분을 내려야 한다. 인사원이나 후생노동성에서 성희롱의 정도에 따른 처분의 기준, 성희롱으로 인한 우울증 등 정신질환의 산업재해 보상 청구 판단지침 등을 내놓고 있으므로 이를 참고할 수 있다. 하지만 피해를 성적인 부분에만 국한해 판단해서는 턱없이 부족하다는 점을 주의해야 한다. '말뿐'이었던 성희롱이라도 재무차관의 사례에서 보듯 업무가 위험해지면서 기자 생명에 영향을 미치는 꼴이 될 수도 있다. 그러면 성희롱이 미치는 영향은 매우 심각하고 '무거워'진다. 그런 점을 고려해 판단해야 하므로 '언어 성희롱이니 가볍다', '성관계를 맺은 건 아니니까 징계 면제'와 같이 단순히 처리하려고 해선 안 된다.

또한 만일 차관이 우연히 마음에 드는 기자가 있다는 이유로 A사에만 정보를 제공했다면 이 행위가 재무성 입장에선 자의적 권력 남용이므로, 이런 차원에서도 용서할 수 없는 일이다. 이는 '거래처 A사 쪽이 좋은 조건을 제시하고 있지만, B사에 마음에 드는 여성이 있기 때문에 다소 조건이 맞지 않아도 B사와 계약을 맺었다'는 경우와 마찬가지로, 회사에 대한 배임에 해당한다. 회사에 손실을 입히기 때문에 기업은 마땅히 엄격한 처분을 내린다. 이는 피해자에 대한 성희롱인 동시에 조직에 속한 사람으로서 문제가 되는 행위다.

더불어 '처분의 경중'은 신고를 한 피해자가 불리해지지 않는 배려가 필요하다. 가해자의 자리를 옮기거나 부서를 바꾸고 프로젝트팀에서 빼는 등 피해자가 안심하고 계속 일할 수 있는 환경을 만드는 것이 가장 먼저지만, 본인의 동의가 있다면 여성 쪽을 이동시킬 수도 있다. 피해를 겪은 직원이 오히려 유리해지도록 조치하는 방법이 가장 좋다. 이때 핵심은 '일하는 사람을 지킨다'는 것이다.

가해자가 회사 밖 사람이면 피해자의 담당을 바꾸는 정도가 가장 일반적인 조치겠지만(물론 다 그런 것은 아니다), 여러 사정으로 인해 부서 자체를 옮길 수밖에 없는 상황도 있을 것이다.

심지어 정치부와 사회부 기자였던 사람이 교열·정리 및 광고, 판매 등 영업직으로 발령이 나는 상황은 대부분 본인이 원치 않을 것이다. 그렇게 자신에게 불리한 부서 이동은 기본적으로 금지된 일이지만, 상황이 진정되면 다시 이전의 업무로 반드시 복귀시킨다는 '약속'이나 '보증'을 한 뒤 긴급 피난을 시키는 것도 한 가지 방법이다.

성희롱 피해를 당한 직원은 괴로운 일을 겪은 것도 모자라 부서를 옮기는 조치까지 받고 앞으로 자신의 커리어는 어떻게 될지 불안해하는 상태이므로, 최대한 충실하고 정중하게 대응하는 자세가 중요하다.

성희롱 및 각종 괴롭힘 문제에 대한 대처는 쉽지 않지만, 융통성을 발휘하여 각 사건에 맞게 성실하면서도 유연하게 임해야 한다. 일본의 기업은 나름의 재력을 갖추고 있으므로(사내 유보금이 400조 엔을 넘는다고 하지 않는가), 상황에 따라 적절한 방법을 찾을 수 있을 것이다.

특히 가해자가 유능하고 성과가 높아 계속 밀어주고 싶다는 생각에 제대로 조치하지 않거나 성희롱 사건을 은폐하는 등의 행위는 절대 용납되지 않는다.

여기부터 성희롱

불공평한 조치나 징계는 직원들의 신용을 잃고 조직의 힘을 갉아 먹는 행위임을 분명히 인지해야 한다. 우수한 직원일수록 성희롱을 하지 않고 모범이 되도록 해야 한다.

7. 왜곡된 인식을 바로잡기

각 기업에서 제정한 사내 규칙에 따라 가해자 직원에 대한 징계 처분이 다양하지만, 가해자 갱생을 위한 상담이나 연수, 세미나 등의 수강을 징계에 포함하는 방법도 매우 바람직하다.

가해자의 대부분은 자신이 한 일이 왜 성희롱인지 알지 못하고, 여전히 상대와 좋은 관계라고 생각하는 등 현실적이지 않은 비합리적인 사고, 이른바 '인지 왜곡'이 있기 때문에, 상담을 받으면서 부적절한 감정을 조정하고 사고의 편향을 깨닫는 과정이 필요하다.

처분을 받아도 인지가 왜곡된 채 그대로 있으면 자신도 모르게 보복하거나 회사 내외의 제삼자에게 "저 여자한테

징계 처분의 지침에 대해

(2000년 3월 31일 職職-68)

(인사원 사무총장 통지) 최종개정: 2016년 9월 30일 職審 -231 제2표준예에 따름)

성희롱(sexual harassment, 직장에서 다른 사람을 불쾌하게 만드는 성적 언동 및 직장 밖에서 다른 직원을 불쾌하게 하는 성적 언동)

① 폭행 또는 협박을 통하여 성적 행위를 하거나, 직장에서의 상사와 부하 등의 관계에 근거한 영향력을 이용하여 강제로 성적 관계를 가지는 등 성적 행위를 한 직원은 면직 또는 정직함.

② 상대의 의사에 반하는 것을 인식하면서도 성적인 언행 및 성적 내용의 전화, 편지, 전자메일 등의 송부, 신체적 접촉, 스토킹 행위 등의 성적인 언동(이하 '성적인 언사 등의 성적 언동'이라 함.)을 반복하는 직원은 정직 또는 감봉함. 이의 경우에 성적인 언사 등의 성적 언동을 집요하게 반복하여 상대가 심한 심적 스트레스의 누적으로 정신질환이 생긴 경우에는 해당 직원을 면직 또는 정직함.

③ 상대의 의사에 반하는 것을 인식하면서도 성적인 언사 등의 성적 언동을 한 직원은 감봉 또는 경고함.

여기부터 성희롱

* 처분 시에는 구체적인 행위의 양태, 악질성 등도 참작하여 고려한 후에 판단할 것.

성희롱에 따른 정신장애의 산재 인정 기준에서 일부 발췌

[강]
가슴이나 허리 등의 신체 접촉을 포함한 성희롱이 계속해서 발생한 경우.
신체 접촉이 없는 성적 발언만의 성희롱으로 발언에 인격을 부정하는 내용이 포함되고 그러한 행위가 계속된 경우.
[중]
가슴이나 허리 등의 신체 접촉을 포함한 성희롱으로 행위가 계속되지는 않지만, 회사가 적절하고 신속하게 대응하여 발병 전에 해결된 경우.
신체 접촉이 없는 성적 발언만의 성희롱이 발생했으나 발언이 계속되지는 않은 경우.
[약]
○○ 짱 등 성희롱에 해당하는 발언을 들은 경우.
직장에서 수영복을 입은 여성의 포스터 등을 게시한 경우.

당했다"라는 등 원한 맺힌 이야기를 퍼뜨리며 "우리 회사는 아무것도 모른다, 제대로 대응하지 못 한다"며 회사 안팎으로 불평을 늘어놓는 등 '분풀이'하는 경우가 많다. 이래서는 '당신의 성희롱 행위는 옳지 않다, 3개월간 10% 감봉하겠다'라는 징계 처분 정도로 근본적인 해결이 되지 않는다.

물론 신뢰할 만한 사람이 사내에서 그런 '교육'을 할 수 있으면 좋겠지만, 회사에서 꼬치꼬치 교육에 따른 지시를 받으면 자존심이 상해 '나한테 이렇게까지 망신을 주다니…'라며 앙심을 품을 위험이 있다. 따라서 제삼자이자 회사와 무관한 전문가의 상담을 받는 편이 가해자도 경청하기 쉽다. 피해자, 가해자, 회사 중 누구도 필요 이상 큰일을 만들고 싶어 하지 않는다. '회사 안에서 확실히 해결'할 수 있으면 그게 최선이지만, 이는 조용히 유야무야 얼버무리고 끝내라는 것이 아니라 재판 사태까지 가지 않도록 확실히 조사한 뒤 가해자에 대한 처분을 포함해 적절하게 대응해야 한다는 뜻이다. 가해자인 직원에게 상담을 제공하는 처분도 결과적으로는 '회사 안에서 원만하게 마무리하기 위한' 적절한 대응의 하나다.

사내에서 일어난 성희롱 사건을 제대로 조치하지 않으면 언론에 알려져 회사의 평판이 급격히 떨어지는 것은 물론 사건에 대한 사과와 해명을 추궁당하고, 손해배상, 소송비용 등 경제적 손실도 생긴다. 가해자와 피해자 양측이 모두 회사에 있기 힘들어져 퇴직한다면 인력 손실뿐 아니라 직원의 사기 저하로 생산성도 낮아지는 등 최악의 패턴이 만들어진다.

직장 내 성희롱이 언제든 중대한 문제로 번질 가능성이 있음을 절대 잊어선 안 된다.

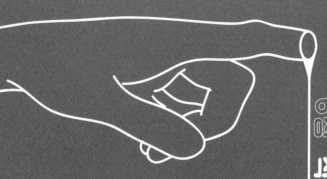

6장

직장 밖 성희롱

1. 가족과 친척의 괴롭힘

일전에 NHK의 아침 정보 프로그램 '아사이치^{あさイチ}'(2014년 10월)에 게스트로 출연한 적이 있다. 먼저 기획 단계에서 "중노년 여성의 성희롱 문제를 다루려고 합니다만, 직장이 아닌 곳에서 일어나는 일도 성희롱이라고 지칭할 수 있나요?"*라는 문의를 받았다.

'여성의 현실, 알려지지 않은 성희롱'이라는 특집을 준비하면서 '남녀고용기회균등법에 직장에서의 성희롱은 용납할 수 없는 일이라고 명시되어 있지만, 직장 이외의 지역사

---

* 성희롱을 뜻하는 '세쿠하라(セクハラ)'는 일본에서 보통 '직장 내 성희롱'의 의미로 쓰인다.

회, 혹은 친척에게 당하는 성적 의미를 담은 괴롭힘도 성희롱이라고 부를 수 있는 것인가', '애초에 그런 취지의 방송을 만드는 것 자체가 가능할까', '시청자 불만이 제기되지는 않을까' 등의 불안을 안고 있었다.

나는 "물론 그것도 성희롱입니다. 법률에 그에 대한 조문이 없다고 해서 성희롱이 아닌 게 되지는 않습니다. 직장에서 벌어진 일이 아니기 때문에 균등법이 적용되지는 않지만, 성희롱임에는 변함이 없습니다"라고 확언했다.

방송의 사전 취재를 하면서도 가족으로부터 받은 성희롱에 대해 무수한 이야기가 쏟아졌다.

그중 가장 많았던 이야기는 아기에게 모유 수유를 할 때 당한 일들이다. 젖을 먹이고 있는데 시아버지가 보러 와서 어찌해야 좋을지 모르겠다, 젖을 먹일 때 시아버지가 가슴을 보는 것이 너무 괴롭다는 호소였다. 그 외에도 친척 모임이 있을 때 "친척들이 다 보는 앞에서 젖을 먹이게 했다"라는 사례도 있었다. 방송국의 조사에 따르면 육아를 했던 40대 이상의 여성 중 30%가 누군가가 자신이 수유하는 모습을 보는 일을 겪었으며, 그중 60%가 불쾌감을 느꼈다고 한다. 한편으로는 "어머니로서 할 일을 하는 중이니 상관없다", "어머니로서의 모습을 보여줄 수 있어 기뻤다", "다 가족들이니 성희롱이라 할 것까지는 없다고 생각했다"는 의견도 있었다.

이런 반응에는 가족 앞에서 가슴을 드러내라고 요구받는 일을 성희롱이라고 말해서도 안 되고, 싫다고 느껴서도 안 된다는 압력이 담겨 있다. 가슴을 내보이는 것만으로도 괴로운 일인데 심지어 그 감정을 억누르기까지 해야 한다니 아주 명백한 성희롱이 아닐 수 없다.

그렇게 부인이 싫어할 땐 남편이 '아버지, 부인이 부끄러워하니 잠시 비켜주세요'라고 말하면 될 텐데, 그러기는커녕 '귀여운 손자가 젖 먹는 모습을 보고 싶다는 훈훈한 말인데 뭘 그래. 우리 아버지를 변태 할아범 취급하지 마'라며 부인을 매도하는 형국이다. 남편마저 '네 가슴에 관심이 있는 게 아니야, 모성에 관심이 있는 거야'라고 말하는 듯하니 어떻게 생각해도 심경이 불편하다. 하지만 정말로 사심 없이 훈훈한 마음으로 보고 싶어 한다 해도(변태 같은 눈길로 보는 경우도 물론 있지만), 수유하는 여성이 싫다고 느끼면 그것은 분명 성희롱이다. 그것도 아기의 존재나 모성을 역으로 이용한 비겁한 성희롱이다.

여담이지만, 방송에서 성희롱 피해 재연 영상을 보던 중 초등학교 학부모 회의에서 학교 교감이 "남편분이 젊으시던데, 밤일도 왕성한가?"라고 말하는 장면이 나오자 진행자가 "할배 닥쳐!"라고 외쳐 박수를 받았다. 이처럼 남편도 "보지 마세요!"라는 말 정도는 해줘야 하지 않을까 하는 씁쓸한 생각이 들었다.

이외에도 운영하는 매장이나 취미 모임 등 다양한 장소에서 성적인 말을 들으며 고통과 불쾌함을 겪었다는 사연도 소개되었다. 어떤 사례든 피해를 당하는 데 그치지 않고 "나이도 먹을 만큼 먹은 중년이라 그런 일을 하나하나 따지고 있는 내가 더 이상하다는 말을 듣는다", "애까지 여럿 낳은 40대 아줌마가 그런 일을 싫어하다니 내숭 떨지 말라고 하더라"며 이중 삼중의 압박을 받고 있다.

이 프로그램은 방영하는 동안 시청자 의견이 실시간으로 끊임없이 들어오는데, 대개 방송이 끝난 후 들어오는 의견을 포함해 100~300건 정도이지만, 이날은 약 2천 건의 팩스 및 이메일을 받았다고 들었다.

예상을 훨씬 뛰어넘는 반응이었기에 나를 비롯해 방송 관계자 모두 큰 보람을 느꼈다.

'이제 젊지도 않은데', '가족끼리의 일이니까', '직장에서 벌어진 일이 아니니까'라는 이유로 성희롱이라고 호소하지 못했던 사람이 이렇게나 많았다는 점에 놀라는 한편, 가족에게 당하는 성희롱으로 한껏 고민하면서도 그저 견뎌야 했던 사람이 이렇게나 많다는 사실도 알게 되었다. 이 방송에 참여해 "그렇게 수유를 구경하면 성희롱입니다!"라고 말할 수 있어 정말 다행이었다.

친족에게 당하는 성희롱에는 수유 외에도 이런 사례를 전하는 사람이 많았다.

"시아버지와 시누이가 '무통분만은 안 돼. 진통을 견디지 못하면 엄마로서의 마음가짐을 갖출 수 없어'라며 'ㅇㅇ가의 며느리라면 자연분만을 해야 한다'라고 말했다."

"분만실에 들어와 캠코더로 녹화를 한다기에 아래쪽은 촬영하지 말라고 했는데도, 촬영해서 시댁 식구들이 전부 모여 관람했다."

"친척이 난데없이 '아기는 아직이야? 부부관계를 제대로 하는 건가. 한 달에 몇 번 하고 있어?'라고 물었다."

"아이랑 목욕하고 있는데 시아버지가 욕실을 엿보거나 같이 목욕하려 했다."

"숙부가 취한 척하면서 가슴을 만졌다."

"시동생이 중학생인 딸에게 '이제 털이 나기 시작했나?'라고 물었다."

위의 경우도 수유 상황과 마찬가지로 다들 불쾌하게 여기면서도 "어떻게 생각해야 좋을지 모르겠다", "이것도 성희롱인가 아니면 그냥 사생활에 대한 참견인가?" 하며 당혹스러워했다. 하지만 무례한 말이나 성적 언동은 가족 및 친척의 참견 정도가 아니라 성희롱이다.

사적인 공간에서 일어나는 성희롱은 특히 문제를 제기하기 어렵지만, 방송국에 전해진 성희롱 피해의 거의 절반이 학부모 회의나 지역 자치회, 봉사활동, 가정 등 아주 가까운 공간에서 발생했다. 가정 역시 성희롱이 일어나기 쉬운

'현장'인 것이다.

2. 돌봄 공간에서 일어나는 성희롱

초고령사회에 돌입하면서 돌봄 공간에서 일어나는 성희롱 문제는 돌봄 인력이 일터를 떠나는 사태로 이어지는 커다란 문제 중 하나가 되었다.

유키 야스히로結城康博 교수(슈쿠토쿠대학淑德大学 종합복지학부)에 따르면, 요양보호사의 9%가 돌봄 서비스 이용자에게 성희롱을 당한 경험이 있다고 한다. 하지만 이 수치는 빙산의 일각일 가능성이 높다. 20년 이상 돌봄 시설에서 일한 여성 요양보호사(40대)는 "참기 힘든 정도의 성희롱이 아니면, 상사에게 보고하지 않는다"고 말한다. 등이나 어깨, 허리 등을 필요 이상으로 만지는 이용자도 적지 않지만, 이 정도는 '보고할 것도 없는 성희롱'이라는 것이다.(AERA dot. 2018. 5. 23.)

따라서 이는 간과할 수 없는 숫자다. 보고되지 않는 성희롱 사례는 대체로 아래와 같다.

- 차마 들을 수 없는 추잡한 말을 계속 던짐.
- 침대에서 몸을 일으키도록 도와줄 때, 키스하거나 가슴을 만짐.

요양보호사 및 간병인에 대한 성희롱 행위는 거의 일상화되어 있고, 게다가 "가슴을 움켜쥐었다"고 사무실에 보고하면 "이 일 하다 보면 그 정도 일은 자주 겪는다. 일일이 신경 쓰면 몸이 버티질 못한다. 적당히 넘기는 것도 업무 요령이다" 따위의 말을 할 뿐 피해로 취급해주지도 않는다.

아무렇게나 성희롱을 당하고, 당하게 놔두는 직장에 누가 자리를 잡고 진지하게 일하려 하겠는가.

지금은 더 이상 이런 일이 없겠지만, 예전에는 남성 환자가 간호사에게 발기한 하체를 들이밀어도 "어머, 많이 건강해지셨네요"라며 요령껏 넘어가는 일도 업무의 일환이라고 했다는 이야기가 있었다. 간호사는 업무에 성희롱이 포함될 수밖에 없다면서 말이다.

상대가 환자 혹은 노인이니까 성희롱이라 생각하지 말고 그저 참으면서 간호나 돌봄을 하라는 말인가. 하지만 그렇게 성희롱을 할 기운이 있는데도 환자나 노인이니 성희롱 해도 된다는 논리는 용납할 수 없다.

특히 고령의 남성은 '성'이 곧 '생'의 에너지이며 남자의 가치나 능력이라고 생각하는 사람이 많아, 돌봄이 필요한 상태가 되어도 '나는 아직 팔팔하다, 남자다'라는 점을 어필 하고 싶어 한다. 더구나 여성에게 성적인 면을 포함한 '봉사'를 기대하며 그런 서비스를 받는 것이 당연하다고 여기는 생각도 깔려 있는 듯하다. 심지어 이들은 직장에서도 '여성은 보조 업무를 맡아 하면서 남성 직원을 지원하는 존재가 되어야 한다'는 성 역할 고정관념을 그대로 가지고 있던 세대이기도 하므로, 돌봄이나 의료 현장도 심각한 성희롱이 발생하기 쉬운 '현장'으로 생각해야 한다.

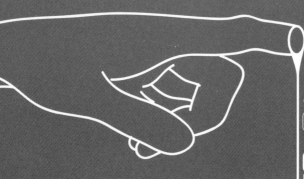

7장

상하들의 새로운 상사

1. 편리하지만 위험한 SNS

SNS가 우리의 삶에 등장한 이래 소통 방식은 나날이 변화하고 있다. SNS의 간편함과 편리함 때문에 사적 관계에서뿐 아니라 업무용으로 라인, 인스타그램, 페이스북 등을 이용하는 사람이 많아지면서, 상사나 거래처와의 대화에 스트레스를 느끼는 사람 또한 늘고 있다. 메신저가 보급되고 퇴근 후나 휴일에도 업무 내용을 주고받는 일이 가능해져 공사의 경계가 모호해졌지만, SNS는 이를 한층 증폭시키는 양날의 칼이다. 그리하여 메시지를 보내는 쪽과 받는 쪽의 '인식 차'에 따른 문제가 빈발하고 있다.

성희롱이라고 신고당하는 사안에는 가해자가 피해자에게 메시지를 하루에도 수십 통씩 보냈다, 휴일이나 심야에도 쉴 새 없이 보냈다는 경우도 상당히 많다.

전화나 문자, 메신저 등은 일 대 일의 개인적인 소통이면서도 메시지를 받은 상대의 표정이나 진심을 알기 어려워 일방적인 전달이 되기 쉽다.

예를 들어 여성은 메시지를 보낼 때 하트 기호나 물결 기호를 자주 사용하는 경향이 있다. "잘 지내♡", "오케이~♡"처럼 가볍게 '♡'를 사용한다. 이것이 여성들에게는 문장의 분위기를 밝게 만들기 위한 수식이다. 하지만 평소에 이모티콘을 쓰지 않는 중노년의 남성들은 '♡=사랑'이라고 생각하기 때문에 '♡'가 들어간 메시지를 받은 것만으로도 설레며 상대가 호의 이상의 감정을 품고 있는 것은 아닐까 하는 과도한 해석을 해버리기 십상이다.

심지어 일 대 일 대화이기 때문에 메시지를 주고받는 사이에 자기도 모르게 정보의 내밀함이 고조되어 상대와의 거리감을 착각하기 쉽다.

K씨는 도심의 한 기업에서 일하는 30대 여성이다.

일이 끝나고 집에서 쉬고 있는데 갑자기 상사에게서 메신저로 "나는 좀 이따 O사의 사장과 식사합니다"라는 메시지가 왔다. O사는 거래처이니 접대 약속인 듯했다. 상사의 메시지를 무시할 수 없는 처지인 K씨는 "수고 많으십니다! 좋은 결과 있기를 기원합니다"라고 곧바로 답신했다. 그러자 대화가 계속 이어진다고 착각했는지 상사는 "상어지느러미! 맛있네", "법인카드 아니면 못 먹어볼 음식이지", "2차로 노래방에 가고 있습니다", "지금 나오는 건 어때?"라며 밤늦게까지 계속 메시지를 보냈다. 그때마다 답신하지 않을 수 없으니 K씨는 완전히 야근이나 마찬가지인 상태였다.

비슷한 경험을 한 사람이 많을 것이다. 스트레스를 느낀다면 답신을 안 하면 되지 않느냐고 생각할 수도 있겠지만, 일반적으로 읽지 않거나 심지어 읽고도 답신을 하지 않으면 매너 없는 행동이라고 생각하는 사람이 많기 때문에 그러기는 쉽지 않다. 상대가 상사, 그것도 접대 업무를 하는 중이니 매정하게 대하기도 어렵다.

이때 윗사람(상사)은 직원과 주고받는 메시지는 어디까지나 업무용이며 메신저 역시 업무 도구라는 점을 반드시 명심해야 한다. 아랫사람(부하직원 등)은 일과 관련된 이야기 외에는 하지 않는다. 상사에게 '연휴 3일째인데 잘 지내고 계신가요?', '시내에서 술 마시는 중!' 등 개인적인 메시지를 보내지 않는다.

특히 라인 등의 메신저는 다들 부담 없이 사용하기 때문에 윗사람일수록 신중하게 사용해야 한다는 점을 절대 잊어선 안 된다. 물론 '메신저 스티커도 자주 보내는 격의 없고 편한 상사로 봐줬으면 좋겠다'라는 마음도 있겠지만, 상사는 편하지 않아도 된다. 그리고 SNS에 관해서는 딱딱한 사람이어도 괜찮다.

"상사가 코니와 브라운*이 포옹하는 스티커를 보내다니 성희롱이다!"라는 글이 라인 커뮤니티에서 한창 화제가 된 적이 있다(2018년 4월경). 상사는 부하직원을 야단친 직후 마음을 풀어주려는 의도였다고 하는데, 이를 취재한 곳에서 어떻게 생각하는지 물어온 적이 있다. 스티커는 문자에 비해 어떤 뜻인지 보내는 쪽과 받는 쪽의 생각 차이나 오해가 생기기 쉽다. 업무에 관한 질책을 받은 직후에 포옹하는 스티

---

* 　일본에서 가장 많이 사용하는 메신저 라인(LINE)의 대표 캐릭터.

커를 받은 부하직원은 솔직히 징그럽다고 생각할 것이고 이러한 반응의 차이는 좀처럼 좁힐 수 없는 문제다. 스티커가 익숙하지 않은 중노년 남성이 어설픈 시도를 하다가 스티커를 잘못 고르기라도 하면 엉뚱한 오해를 받기 십상이다.

야단친 후에 위로하고 싶다면 그 마음을 정확하게 말로 적어 보내야 한다. 심한 말을 한 뒤 위로든 격려든 사과하고 싶은 마음이든, 말이 스티커보다 훨씬 정확하고 신실하게 전해지지 않겠는가.

윗사람의 입장에서는 부하직원과 거리를 지키는 일이 훨씬 중요하다는 점을 절대 잊어선 안 된다.

그런데 그 라인 스티커는 성희롱일까 아닐까? 그와 관련한 에피소드를 하나 살펴보자.

어느 날 밤, N씨는 부서 회식에 참여했다. 집으로 돌아가려는데 남성인 직속 상사가 데려다주겠다며 택시를 불렀다. N씨는 "아직 지하철도 있고 혼자 가는 게 더 편한데요…"라고 중얼거렸지만, 결국 함께 택시를 탔다. N씨가 먼저 내려 집에 들어갔으나, 상사는 밤 11시가 넘도록 "집에 잘 들어갔어?", "별일 없고?" 등의 메시지를 여러 차례 보내왔다. N씨는 "사귀는 사이도 아닌데 남자가 이렇게까지 메시지를 보내다니 기분이 나쁜데다 약간 무섭기까지 하다"며 난감해했다.

남성 쪽에서 보면 상사로서 부하직원인 여성이 술에 취했으니 걱정이 되어 연락해본 것뿐일지도 모르지만, 이런 문제에는 그가 보낸 메시지나 주고받은 대화만이 아니라 앞뒤의 행동, 문맥, 상대와의 관계성이 모두 연관되어 있다. 그냥 혼자 가겠다고 말하는 N씨에게 상사는 "괜찮아, 괜찮아"라며 동승을 강요하다시피 했다. 택시 안에서도 완전히 '남자친구 행세'를 했을 가능성이 다분하다. 게다가 평소에 잘 지내고 있었다면 분명 같은 말이라도 성희롱이다, 기분 나쁘다는 생각이 들지 않을 수 있는 만큼, 그 전부터 상대가 성희롱이라고 느껴지도록 대해온 건 아닌지부터 생각해봐야 한다.

메신저나 SNS는 친밀한 관계라고 착각하기 쉬운 도구이기도 하다는 사실을 분명히 인식하자.

2. 메신저에도 TPO를

  이렇게나 폭넓은 세대의 사람들이 다양한 상황에서 사용하는 도구이므로, SNS의 TPO(시간time, 장소place, 상황 occasion)에 대해서도 생각해볼 필요가 있다. 전화와 다르게 메신저는 상대의 시간을 빼앗거나 생활을 침해하지 않는다고 생각하는 경향이 있지만, 애초에 긴급한 용건이 아닌 한 한밤중이나 새벽 등에 메시지를 보내는 일 자체가 상식에서 벗어난다고 인식해야 한다.

  예전에는 밤 11시 이후에는 전화하지 않는 등 늦은 밤에 전화를 거는 일이 예의에 어긋난다는 암묵적인 규칙 혹은 상식을 공유하고 있었다. 그러나 상식은 계속 바뀌는 법이다. 가령 요즘은 학생과 면담 등을 하려면 먼저 문자로 약속을 정한 뒤 찾아오는 것이 상식이지만, 얼마 전 학생과 이야기하다 격세지감을 느낀 일도 있었다. "예전에 핸드폰이 없었을 때는 선생님과 만나려면 어떻게 했어요?"라고 묻기에 "연구실 문을 두드렸지"라고 대답했다. "네? 그렇게 미리 말씀도 안 드리고 갑자기 찾아오면 실례 아닌가요?", "달리 방법이 없었으니까" 하는 대화였다.

또한 업무 관계로 만난 사람과 메신저 친구를 맺었다고 '이제 이 사람에겐 언제든 메시지를 보내도 돼'라고 생각한다면 그것도 상식에 어긋난다.

근본적으로 상사나 거래처 등 업무와 관련된 사람과 SNS로 연결되는 일은 번거롭고 귀찮을 뿐이다. 상사가 개인적인 포스팅을 보지 못하도록 여러 개의 계정을 따로 쓰는 사람도 꽤 있다고 한다. 상사에게 친구 신청을 받거나 메신저 쓰냐는 질문을 받았을 때 "아, 저는 알려드리고 싶지 않아요"라고 거절할 수 있는 사람은 많지 않다. 그럴 때마다 상대방의 입장에서 생각해 보는 일이 필요하다. 분위기를 파악하는 능력이 뛰어나기로 유명한 일본의 직장인이 왜 부하직원의 표정은 그토록 읽지 못하는지 신기할 뿐이다. 특히 라인 등의 메신저는 그때그때 편하게 소통할 수 있는 도구이므로, 스스럼없는 관계도 아닌 사람과 구구절절 대화를 주고받는 일은 삼가야 한다.

업무용으로 메신저의 단체 채팅 등을 이용하는 경우엔 개인적인 대화는 걸지 않는 등의 기준을 정하면서 '새로운

여기부터 성희롱

규칙과 매너'를 마련해가야 한다.

3. 끝까지 침묵할 생각은 없다

"남자친구 있어?" 그게 왜 알고 싶어요?

"오늘도 예쁘네." 좋은 말이든 나쁜 말이든 외모 평가는 하지 마세요.

"몸매 좋네." 볼 게 그렇게 없어요?

"역시 젊은 여자가 타주는 차가 맛있어!" 난 아저씨가 타주는 차가 맛있던데.

"어제는 남자친구랑 같이 있었어? 피부에서 윤기가 나네." 매일 부인이랑 같이 있는데도 피부가 푸석푸석하시네요.

"술 좀 따라 봐." 싫은데요.

SNS를 보면 쓸데없는 말을 늘어놓는 직장의 남성들에게 말하지 못했던 진심이 여기저기 올라와 있다. 정보통신이 발달해 페이스북, 트위터를 비롯한 다양한 그룹 네트워크

활동이 아주 활발해진 요즘은 면전에서 차마 'NO'라고 말하지 못하는 여성들이 목소리를 내기 쉬운 환경이기도 하다. 익명이 보장된다는 장점이 더해져 트위터 등에서는 성희롱 피해를 알리는 여성의 목소리나 의견이 쏟아지고 있다. "당시에는 말하지 못했지만 그래도 끝까지 침묵할 생각은 없다"는 여성들에게 SNS는 성희롱 피해를 공론화하기에 매우 유효한 도구다. 정보를 공유하는 과정에서 '나도 말할 수 있다'며 피해를 알릴 수 있다. 이제 피해 여성이 문제를 제기할 수 있는 장소는 상담소뿐만이 아니다.

4. 공범이 되지 않기 위해

서구 외에서도 널리 확산하던 '미투(#MeToo)' 운동을 보며 남성들의 '반응'도 찬성, 반대, 무시 등 제각각이지만, 무엇보다 당황하는 남자가 아주 많은 것 같다.

어떤 남성 기자가 이렇게 속내를 털어놓았다. "찬성하고 싶지만 제가 '미투'라고 말할 수는 없잖아요. '성희롱 피해자를 혼자 두지 않겠다'는 의미로 #WithYou라는 해시태그도 있지만, 일반 남성의 입장에서 '피해 여성과 100% 함께하겠다!'고 한 치의 의심도 없이 선언할 수 있을까요. 과거를 되짚어보면 저도 모르는 새 성희롱을 저질렀을지도 모르잖아요. 무엇보다 동성인 남자들로부터 '뭘 자기만 좋은 사람인 척하고 있냐? 네가 무슨 성인군자냐?'라는 말을 듣는 것도 내키지 않고요. 저 같은 남자들은 어떻게 해야 할지 생각하게 되네요."

이런 고민을 하는 남성이 많은 듯하다.

이탈리아에는 미투 운동에서 파생한 'Mai più complici(더 이상 공범이 되지 않겠다)'라는 캐치프레이즈가 있다. 이탈리아 국회의원인 파브리치아 줄리아니^{Fabrizia Giuliani}가 여성 대상의 폭력 문제에 관해 "Mai più complici"라고 주장하며 캠페인을 전개했는데 그때부터 쓰이기 시작해 정착한 문구라고 한다.

참고로 스페인어로는 "El fin del silencio cómplice(더 이상 침묵하며 공범자가 되지 않겠다)"다.

남성들은 주위에서 일어나는 성희롱을 보고도 흔히 있는

일이라며 못 본 척 해왔다(이탈리아나 스페인뿐만 아니라 세계적으로, 그리고 역사적으로도 참으로 오랫동안 그래왔다). 하지만 시대는 공정하고 평등한 방향으로 차근차근 변해가고 있다.

이제는 많은 사람이 '왕따를 못 본 척하거나 보고만 있으면 가담하는 것이나 마찬가지'라고 생각하게 되었지만, 이는 성희롱에서도 마찬가지다. 침묵과 무관심이 곧 공범이다. 'Mai più complici'는 어떻게 문제를 제기할지 혼란스러워하는 여러 남성의 심정을 정확히 대변해줄 말이자 이념이 아닐까. 게다가 이탈리어다 보니 울림과 어조, 어감도 좋아 더더욱 입에 착 붙는다. 그 남성 기자도 "호들갑스럽지 않아서 좋네요"라고 말했다. 다만 다른 나라의 언어로 깔끔하게 옮기는 일이 좀처럼 쉽지 않다는 점이 아쉬울 따름이다.

여성이 성희롱 피해를 당하지 않게 하려면 어떻게 해야 할까? 자기방어나 예방을 위한 매뉴얼을 강화하고 기업도 법령을 더욱 철저히 준수하는 등의 일도 마땅히 필요하지만, 아주 평범한 남성들이 "성희롱은 남자인 나도 싫다, 더는 안 된다"라고 목소리를 높여가는 노력이 무엇보다 필요하다. 말은 의식을 바꾸고 의식은 행동을 바꾸며 행동은 새로운 물결(상식)을 일으킨다. 공모와 마찬가지인 침묵을 깨는 일은 남성만이 할 수 있다. 성희롱에 대한 새로운 상식은 그 무엇보다도 일반 남성의 의식이 변화해야 만들어질 수 있다.

균등법이 성희롱 조항을 추가해 개정된 이래, 성희롱에 대한 지식은 어느 정도 보급되었지만, '성희롱 피해'에 대한 상담은 줄어들지 않고 있다. 2017년 1월에는 성적 소수자(LGBT/SOGI*)에 대한 성희롱도 조치 의무에 추가되어, 기업은 그에 따른 새로운 지침을 교육해야 한다.

생활 방식의 변화 및 업무 방식의 다양화에 따라 성희롱도 예전과 똑같은 방식으로 일어나지만은 않는다고 한다.

2장에서 '고위직의 상식은 세상의 비상식'이라고 썼지만, 사실은 어디에 있든 '상식'을 바꾸고 새롭게 만들어가야 할 시기가 도래했다. 이제는 직장에서도 '여성 부하직원', '여

---

*   LGBT(lesbian, gay, bi-sexual, transgender)는 레즈비언, 게이, 바이섹슈얼, 트랜스젠더 등의 성적 소수자, SOGI(sexual orientation, gender identity)는 성적 지향과 젠더 정체성을 말한다.

성 상사' 등 '여성'이라는 표식은 떼버리고 '한 사람의 직장인', '한 사람의 인간'으로서 대해야 한다. 요즘 젊은이들은 이성끼리 룸메이트로 지내는 일도 있다고 한다(대개는 부모가 반대한다는 듯하지만). 남자와 여자이기 전에 룸메이트로서 적절한지가 중요한 문제이기에 서로를 '인간'으로서 대한다면 충분히 가능한 일일 테다.

사회가 바뀌면 당연히 여겨지던 가치관도 당연하지 않은 것이 된다.

나가며

이 책을 끝까지 읽어주어 감사하다. 성희롱의 '상식'으로 알려진 내용 중에는 여러 개의 '함정'이 있다는 점, 하나로 싸잡아 이야기할 수 없다는 점, 여성과 남성은 성이나 성희롱에 대한 사고방식에 상당한 차이가 있다는 점 등이 독자에게 전해져 각자 일하고 생활하는 장소에서 도움이 되기를 바란다.

마지막으로 전하고 싶은 말은 '성희롱'을 둘러싼 상식이 지금까지 변화해 왔듯('성희롱'이라는 개념을 통해 문제가 제기되기 시작한 것이 고작 30년 전이다), 앞으로도 계속 바뀔 것이라는 점이다. 이를 보여주는 두 재판이 있다.

가이유칸 사건(최고재판소 판결 2015년 2월 26일)

　오사카시의 수족관 '가이유칸海遊館'에서 남성 관리직 2명이 여성 파견직원에게 "내 성욕은 해마다 세진다니까", "벌써 나이가 그렇게 되다니. 결혼도 안 하고 이런 데서 뭐 하고 있어. 부모님이 매일 우시겠네" 등의 발언을 거듭했고, 그 발언이 성희롱에 해당한다는 이유로 일반직으로 강등되는 등의 징계 처분이 이루어졌다. 이에 대해 두 사람은 상대가 명확하게 거부하지도 않은 일에 징계가 과중하다고 주장하며 징계 처분의 무효 확인 등을 청구하는 소송을 걸었다.

　최고재판소*에 앞서 오사카 고등재판소의 판결은 "피해자로부터 명백한 거부 태도가 드러나지 않음" 등의 이유로 처분이 과중하다고 판단했지만, 그에 대해 최고재판소는 일반적으로 피해자는 속으로 극심한 불쾌감이나 혐오감을 느낀다 해도, 그 뒤로 직장에서의 인간관계가 악화하는

---

* 　한국의 대법원에 해당.

사태를 우려하여 항의나 저항을 차마 하지 못하거나 주저하는 경우가 적지 않다고 지적했다. 따라서 명확한 거부가 없으니 괜찮다고 '착각'했다(그래서 위법성이 없거나 약하다)는 주장도 가해자 측에게 유리한 사정으로 고려할 수 없다고 일축하며, 두 사람에 대한 징계 처분은 모두 위법이 아니라는 정반대의 판단을 내렸다.

쉽게 정리하면, 고등재판소에서는 "피해자 쪽이 'NO'라고 말하지 않았으니 '심기를 불편하게 했다'는 점을 가해자 두 사람이 몰랐던 것도 어쩔 수 없다. 따라서 무거운 징계 처분은 부당하다"라 판결했다. 하지만 최고재판소는 애초에 피해자가 왜 'NO'라고 말할 수 없는가라는, 성희롱의 본질을 이해하고자 하는 입장에서 고등재판소의 판결이 옳지 않다고 판단한 것이다.

이처럼 성희롱을 당했을 때 피해자가 NO라고 말할 수 없거나 거부 의사를 전하지 못하는 처지에 놓인다는 점에 관해서는 이 책에도 여러 차례 설명했고 법원에서도 조금씩 인정하고 있다. 이 가이유칸 사건에서 최고재판소가 명쾌하게 이와 같은 판결을 내렸다는 사실은 상당히 큰 의미가 있다. 이 판례는 앞으로의 소송에도 큰 영향을 미치게 되었고(실제로 이 판결 이후 지방재판소에서 성희롱에 해당하지 않는다고 판결한 사건이 고등재판소에서 뒤집히는 사례가 나오고 있다), 재판까지 가지 않더라도 각 기업이나 대학 등의 조직에서 판단을 내릴 때도 당연히 반영되어야 한다.

사이제리야 사건(2015년 7월 21일 제소, 2018년 3월 15일 합의)

이 사건은 이탈리안 레스토랑 체인 '사이제리야^{サイゼリヤ}'에서 일하던 20대 여성 점원의 자살과 관련해, 그 원인이 상사였던 남성 부점장의 성희롱 및 스토킹 행위였다며 유족이 부점장 및 본사에 손해배상을 청구한 도쿄 지방재판소의 소송이다.

당시에는 소송에 대해 다음과 같이 보도되었다.

소장에 따르면, 여성이 2013년 11월에 관동 지방 점포에서 계약사원으로 근무한 직후부터 부점장이 몸을 만지는 등의 성희롱 및 근무가 겹치도록 시간표를 짜는 등의 스토킹을 했다. 부점장이 반복해서 여성의 집에 찾아오자 괴로움에 시달리던 여성이 자택 베란다에 목을 매 자살했다고 한다. 원고 측은 성희롱을 방치한 점장 및 본사도 안전 배려 의무를 게을리했다고 주장하고 있다. (니혼게이자이日本経済신문 2015년 7월 21일 자)

이 사건이 합의로 종결되었기 때문에 재판에 대해 상세한 내용까지 파고드는 일은 부적절하겠지만, 나는 이 사건에 매우 주목하고 있었다. 이 사건은 사이제리야라는 회사 한 곳뿐 아니라 많은 외식 체인이 구조적으로 안고 있는 문제를 드러냈기 때문이다.

외식 체인이 내는 점포는 대체로 어느 곳이나 한두 명의 정사원이 '점장'이나 '부점장'이 되어 아르바이트 직원, 계약직원 등 불안정한 형태로 고용된 직원의 상사로 일한다. 그리고 비정규직으로 일하는 직원에는 여성이 많다는 점, 근무시간이 심야까지 이어지기 쉽다는 점, 패스트푸드점과 달리 점장, 부점장에게 반드시 주방, 홀의 접객 등에 대한 '교육'을 받아야 하고 승진이 달린 평가까지 받아야 해서

압력이 가해지기 쉬운 상황이라는 점, 노동자를 '스태프'나 '크루' 등으로 부르며 '팀워크'를 강조하기 쉽다는 점, 그리고 점장 측도 '이름뿐인 점장'까진 아니어도 결코 높지 않은 임금으로 장시간 노동을 강요당하고 있어, 끊임없이 바뀌는 여성 노동자들에게 접근할 수 있다는 점이 어떤 면에서 '부가 혜택'으로 여겨지는 경우도 있다는 점 등 성희롱이 발생하기 쉬운 요소가 산적해 있다.

게다가 그런 패밀리 레스토랑이나 주점의 체인점을 총괄하는 본사는 어느 곳이나 상당한 규모의 대기업으로, 다른 일반 기업과 다를 바 없는 '사무실'이다. 본사에서는 당연히 법규에 따른 성희롱 대책을 실시하고 있겠지만, 본사 사무실과는 전혀 다른 각 점포 상황에 관해 어느 정도 파악하여 현장에 맞게 실효성 있는 대책이나 예방책을 실시하고 있는지 의문스러운 상황이다. 사실 어떤 체인점이든 매니저에 해당하는 본사 사원이 혼자서 여러 곳의 점포를 하루에 돌아보는 방식으로 점포를 감독하기 때문에, 현장의 사정이나 상황이 얼마나 전해질지는 그다지 짐작하기 어렵지 않다.

외식 산업뿐 아니라 본사 사무실과 현장의 상황이 아주 다른 업종은 얼마든지 있으며 그 종류도 매우 다양하다. 그런 업계에서는 본사를 중심으로 만들어진 성희롱 대책으로 충분치 않을 것이 분명하므로 어떻게 각 현장의 상황을 반영한 실효성 있는 대책을 만들지가 매우 중요하다. 사이제리야 사건에서는 과연 현장의 특성에 맞는 대책이 마련되어 있었을까?

균등법의 성희롱 조항은 지금까지 여러 차례 개정되었으며, 그 법에 따른 가이드라인도 더욱더 실질적이고 구체적으로 진화하고 있다. 현재의 균등법은 이미 획일적이고 형식적인 성희롱 방지책이 아니라 직장의 상황을 반영한 대책을 요구하고 있다고 말할 수 있다. 이런 상황에서 법원이 과연 어떻게 판단할지 확인하고자 이 재판을 주목했던 것이다.

이 사건은 결과적으로 합의에 이르렀고 사이제리야가 공표한 합의 내용에는 다음과 같은 사항이 포함되어 있다.

당사는 당사의 직원에게 일어나는 성희롱을 방지하기 위

해 한층 더 충실히 교육을 실시하도록 노력한다. ('합의에 따른 소송 해결에 관한 공지' https://b2b-ch.infomart.co.jp/news/detail.page?0&IMNEWS1=948923)

이 문장은 너무나 추상적이어서 실제로는 어떻게 되었는지 전혀 알 수 없다. 하지만 이 재판을 계기로 사이제리야 등의 외식 체인을 비롯해 여러 현장을 운영하는 기업들에 본사 상황만을 고려한 형식적인 대책에 머물러서는 기업이 성희롱 방지 조치 의무를 다하고 있다고 볼 수 없으며, 현장을 반영한 방지책 및 사원 교육이 필요하다는 인식이 확산하기를 바란다.

이렇게 두 가지 판례를 소개하며 변화하는 상식 및 개선되어야 할 부분을 살펴보았다. 기업 조직이 변하기 위해서는 경영자뿐 아니라 그곳에서 일하는 모든 사람의 상식이 변해야 한다. 그를 위해 이 책이 도움이 되길 바란다.

2018년 10월
무타 가즈에

옮긴이의 말

왜 남성의 농담이 여성에게는 성희롱이 될까? 왜 남성에게는 연애였던 시간이 여성에게는 성폭력의 시간이 될까? 특히 직위에 따른 위계가 분명한 직장에서 이런 괴리가 왜 더 빈번히 발생하는 것일까? 무타 가즈에의 『여기부터 성희롱』은 이 질문에 상세한 답변을 제시하는 책이다. 특히 이 책은 직장이나 학교에서 흔히 접할 수 있는 성희롱 사례를 차근차근 살펴보면서, 혹시 내가 너무 예민하거나 사회생활 능력이 떨어지는 것은 아닐까 고민하는 여성들에게 해답을 제시하는 한편, 성희롱 및 성폭력을 방지하기 위해 부단히 노력해야 할 남성들에게는 성희롱의 메커니즘을 설명해준다.

먼저 이 책은 2018년에 재무성 차관 후쿠다 준이치가 여성 기자에게 성희롱 발언을 한 사건으로부터 출발한다. 후쿠다는 그 발언은 농담이라고 주장하며 잘못을 인정하지 않았다. 이렇게 '제 딴에는 농담이라고 던지는 성희롱 발언'을 해선 안 되는 이유에 대해 이 책은 크게 두 가지 위계의 문제로 설명한다. 첫째는 성차별적 사회에 존재하는 젠더 간 위계다. 이 사회에는 '여성은 능력보다 외모가 중요하다', '여성은 밖에서 일하기보다는 집에서 살림해야 한다', '여성은 남성의 관심을 받기 위해 행동한다'와 같은 차별적 관념이 널리 퍼져 있다. 그로 인해 여성들은 개인의 활동이나 능력보다는 여성에 대한 고정관념에 근거한 대우를 받으며 공적 활동에서 배제되었다. 이러한 상황에서 여성들에게 성적 농담을 하는 행동은 마찬가지로 그를 사회생활의 동료로 대하기보다는 여성이라는 차별적 존재로 대하려는 태도이기 때문에 부적절하다. 농담을 하고 싶은 본인의 개인적 의도보다는 여성이 처한 불평등한 상황을 우선적으로 생각해야 한다. 둘째는 조직 내 지위에 따른 위계다. 직장에서는 상사가 불편한 농담이나 요청을 해도 직장 생활에 지장이 생길지 모른다는 우려 때문에 불편한 내색을 하지 못하거나 심지어 긍정적인 반응을 할 수밖에 없는 상황

여기부터 성희롱

이 자주 발생한다. 특히 여성의 경우에는 의견을 강력히 밝히면 밉상으로 낙인찍힐 가능성이 훨씬 높기 때문에 더욱 조심스럽게 행동해야 한다. 이런 상황을 고려하지 않고 '상대 여성이 내 농담을 싫어하지 않았다', 혹은 '상대 여성이 나를 좋아했다'는 식으로 착각하거나, 사건의 책임을 제대로 거부 의사를 밝히지 않은 상대에게로 돌려선 안 된다.

또한 이 책은 성희롱이 남성 개인과 여성 개인이 서로에 대한 처신에 주의하는 문제에 그치는 것이 아니라는 점도 지적한다. 조직의 차원에서도 성희롱이 발생하는 구조 자체를 바꾸고 사건이 발생했을 때 적절한 조처를 하며 2차 가해 및 재발을 예방할 수 있는 제도를 마련해야 한다. 먼저, 성희롱은 앞서도 언급했듯 젠더 및 지위의 권력 격차로 인해 발생하는 것이기에, 사회 및 조직의 차원에서 성차별을 타파하고 민주적 문화를 만들기 위해 노력해야 한다. 저자는 후쿠다 준이치 사건을 분석하면서, 정부 부처나 국회, 법원 등 고위직 관료가 일하는 기관은 극도로 권위적인 위계 구조로 인해 성차별이나 민주적 조직에 대한 사회적 논의를 전혀 반영하지 않아도 되는 '면책 지대'처럼 운영되고 있음을 지적했다. 그렇기 때문에 사회적으로 가장 막강한 영향력을 지닌 인사들이 여성들에게 그토록 무책임하게 권력을 남용하고도 전혀 반성하지 않는 일이 빈번히 발생하는 것이다. 이들이 사회의 틀을 구성하는 법률과 정책을 만들고 집행하는 장본인이기에, 국가기관의 성차별 구조 및 비민주성은 반드시 개선되어야 한다. 그뿐만 아니라 각 조직은 성희롱이 '개인적 일탈'이 아니라 조직적 문제라는 관점에서 성희롱 및 2차 가해를 예방할 방안을 제도적으로 마련해야 한다. 이때 조직은 개인을 중재하는 중립적 기관이 아니다. 이 사회의 조직은 남성중심적 구조를 통해 여성 노동의 가치를 폄하하는 방식으로 이득을 취하는 한편, 남성들에게도 '여성을 성희롱할 수 있는 권리'를 주며 부족한 고용조건을 벌충하는 방식으로 이득을 취해왔다. ('나가며' 장의 사이제리야 사건 참조) 따라서 조직은 피해자를 존중하는 관점에서 성희롱 사건을 해결하는 동시에 구조적으로 자리하고 있는 성차별을 근본적으로 개선해나가야 할 책임을 성실히 이행해야 한다.

따라서 『여기부터 성희롱』은 '업무상 위력에 의한 성폭력'

이 법적으로 매우 협소하게 적용되고 있는 한국에도 꼭 필요한 책이다. 대부분의 위력은 직접적으로 위력 행사를 하지 않아도 앞으로의 사회생활을 위해 부하직원이나 학생이 부득이하게 동의할 수밖에 없거나 분명히 거절 의사를 밝힐 수 없게 만드는 방식으로 작동한다. 이것이 바로 '직장인의 비애'이자 '먹고 사는 일의 무서움'이며 이러한 '권위주의'는 타파되어야 한다고 대중매체에서도 흔히 이야기되어 왔던 바다. 그러나 이 위력을 통해 성폭력 사건이 발생했을 때만은 '싫으면 왜 제대로 거절하지 않았나', '힘들면 왜 그때 그만두지 않았나', '상사를 좋아해서 응했던 것 아닌가'라며 위력의 메커니즘은 인정하지 않고 피해자의 책임만을 묻는다. 이는 성희롱 · 성폭력을 권력을 이용해 여성을 성적 대상으로 취급하는 성차별적 구조의 문제로 보지 않고, 누가 무슨 짓을 하건 여성이 조신하게 행동하며 알아서 피해야 할 문제로 보는 남성 중심, 가해자 중심의 편견 때문이다. 이러한 편견이 사법부에서 성폭력 사건을 다룰 때도 기소 및 판결에 지대한 영향을 미치고 있어, 피해자들이 부당한 대우를 받게 된다는 점에 대해 최근 매우 거센 비판이 일어나고 있다. 그로 인해 사법부 및 국가 기관도 성차별 구조를 반드시 개선해야 하는 상황이 되었다.

이러한 최근의 변화를 만들어낸 결정적 사건이 바로 안희정 성폭력 사건이다. 당시 도지사였던 가해자가 위력을 사용해 성폭력을 저질렀음에도, 가해자 측은 서로의 동의하에 관계를 한 불륜일 뿐이며 오히려 잘못은 유부남에게 접근한 피해자에게 있다고 주장했다. 그러나 2심 재판부는 "피고인은 피해자가 지방 별정직 공무원이라는 신분상의 특징과 도지사와 비서라는 피고인과 피해자의 관계로 인해 피고인의 지시에 순종해야만 하고 그들 사이에서 일어나는 내부적인 사정을 쉽게 드러낼 수 없는 취약한 처지에 있음을 이용해 피해자의 성적 자기결정권을 현저히 침해했다"며 안희정에게 유죄를 선고했고 이는 3심에서도 확정되었다. 이러한 판결은 무참한 여론 공세에도 불구하고 사건의 진상을 밝히기 위해 끝까지 고군분투한 생존자 김지은 씨 본인과 더불어, 성폭력이 직접적이고 물리적인 강압에 의해서뿐만 아니라 위계에 의해서도 발생할 수 있음을 널리 알리기 위해 노력한 무수한 페미니스트들 덕분에 가능했다. 그 후에도 2020년 2월에는 "피해자가 거부하거나 반항하지 않고 순응했다는 사정만으로 피해자가 동의했다거나 위력의 행사에 이르지 않았다고 섣불리 단정해서도 안 된다. 설령 외견상 피해자가 동의한 것으로 보이더라도 피해자의 저항을 곤란하게 하는 어떤 사정이나 상황이 있었다면 이는 부진정 동의로서 오히려 피해자가 행위자의 위력행사에 굴복했음을 보여줄 뿐, 피고인의 행위에 대한 동의가 존재했던 것으로 해석해서는 안 된다"며 제자를 성추행한 혐의로 유명 무용가에게 징역 2년을 선고한 지방법원 판결이 있었다. 그리고 2020년 5월, 신입사원에게 장난이라며 음담패설을 건넨 과장에게 '업무상 위력에 의한 추행죄'를 적용해야 한다는 대법원 판결도 언론에 널리 보도되었다. 하지만 여전히 이는 소수의 사례로, 국가 기관의 성차별적 구조와 남성중심적 문화를 바꾸기 위해서는 부단한 노력이 필요하다.

역자인 내가 2018년에 참가했던 3.8 세계여성의날 기념 한국여성대회에서는 "직장 내 성희롱 피해자와 조력자에 대한 징계는 불법"이라는 대법 판결을 최초로 끌어낸 르노

삼성자동차 성희롱 피해자 박〇〇 씨가 올해의 여성운동상을 받았다. 박〇〇 씨는 4년 6개월의 끈질긴 대응을 통해 직장 내에서 발생한 성희롱 사건에 대한 회사의 2차 가해를 막을 뿐 아니라 성희롱을 적극적으로 예방하고 피해자를 보호해야 할 의무를 제도화할 수 있는 길을 열었다. 번역을 하며 그날이 자꾸 떠올랐던 이유는, 르노삼성을 상대로 한 법정 투쟁이 한창이던 2014년에 이 책의 저자 무타가즈에 교수도 대책위원회에서 개최한 '성적 위계 구조로서의 직장 내 성희롱 사례 한·일 비교와 해결 방안 모색' 간담회에 참석했었기 때문이다. 미투 운동 및 디지털 성 착취 반대 운동이 활발하게 벌어지고 있는 이때, 성희롱의 메커니즘을 최대한 상세히 설명해서 어떻게든 성희롱을 방지하려는 열의에 가득 찬 무타 가즈에 교수의 책을 다시 한번 만나고, 심지어 번역할 기회까지 얻게 된 것은 매우 힘이 솟는 경험이었다. 모쪼록 많은 분이 이 책을 읽고 성 인지 감수성을 점검해보실 수 있기를 기원한다.

조고은

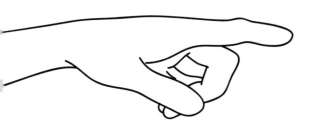

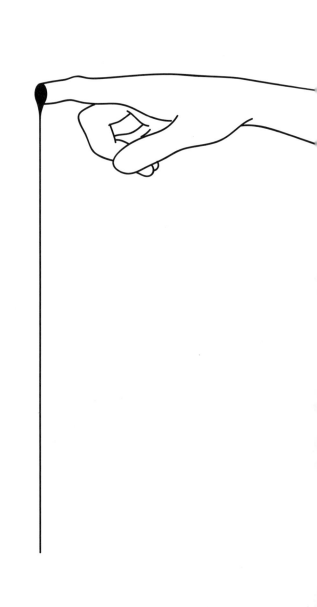